イスラム国とは何か

常岡浩介 著

聞き手 高世仁

旬報社

はじめに

二〇一四年一〇月六日午後四時過ぎ、東京都中野区の私の自宅に、警視庁公安部外事三課の捜査員七人が、予告なしに訪ねてきた。「私戦予備陰謀罪」と書かれた家宅捜索令状を手にしていた。

二六歳の北海道大学の学生（休学中）が、イスラム国に参加するとして、シリアへの渡航準備をしたことが刑法九三条の「私戦予備陰謀」に当たるとして、警察の事情聴取を受け、関係先の家宅捜索が行われた。その関係先として、私の自宅も捜索対象となった。私自身はこの時点で「参考人」だという（一ヵ月以上経って「被疑者」に切り替えられた）。

捜索令状を写真に撮ったりすることは禁じられた。その場で読み取った内容は、北大生が「被疑者（＝容疑者）」とされており、昨年（二〇一四年）の八月一一日にイスラム国へ向かう目的でトルコ行きの航空券を購入したことが、「私的に外国に攻撃を仕掛けるための準備行為をした」ということになっている。

私はその翌日からイスラム国への取材を予定していた。公安警察官たちは、今まさに荷造りしていた取材の機材、ビデオカメラ、デジカメや、取材データが入ったパーソナルコンピュータ、スマートフォン、ハードディスクドライブなどを洗いざらい押収していった。

その結果、取材は中止に追い込まれた。

この問題は日本だけでなく、海外でも大きく報道された。日本人の青年がイスラム国へ義勇兵となって戦いに行こうとし、その準備に、私までも関わっていたというのだ。たしかに、同行取材を予定していた私が航空券を購入した。

ことの発端は、昨年（二〇一四年）七月末、中田考さん（同志社大学元教授）から送られてきた一通のメールだった。「イスラム国に戦いに行く人がいる」として北大生らを紹介された私は、もし、これが事実ならば、取材しなければいけないと考え、同行を決意した。

出発日が迫っており、インターネット上ではトルコ行きの安い航空券は数時間おきに売り切れていた。さらに購入にはクレジットカード決済が必要——その場でクレジットカードを持っているのが私だけだった——で、同じ便の切符を取らなければ、同行取材ができなくなるため、私がクレジットカードで購入した。この代金は、数時間後に北大生たちに面会した際に現金で支払ってもらったので金銭的支援をしたわけではない。

警察はこれをもって北大生だけでなく私をも、「私戦予備陰謀」の被疑者とした。しかし、当然ながら、私の目的は「私的に外国に戦闘を仕掛ける」ことなどではなく、取材だ。

当然すべき取材を犯罪扱いする公安外事三課の非常識には首を傾げざるをえない。

そもそも、刑法九三条の「私戦予備陰謀の罪」とは、一世紀以上前の明治初期につくられた法律で、薩摩藩がかつて英国と交戦した「薩英戦争」のような事態の防止を想定しているという。薩摩藩が英国と戦争するために武器を集める行動と、現代の大学生がトルコ行きの航空券を購入する行為を同列に扱うのは荒唐無稽で、実際に国内で準備し、海外で義勇兵や傭兵として戦闘行為を行った人は枚挙に暇がない。しかし、だれ一人私戦予備陰謀にも、他の罪にも問われたことはない。

現在、この問題で続いているのは、公安当局と私の情報戦争だ。

公安は記者クラブ所属の大手メディアの「サツ周り」の記者たちに対して「北大生は戦闘参加の強い意志を持っていた」「詳細な計画を立てていた」などと情報をリークした。大手メディアはこの時点まではだれ一人として北大生を取材できず、そのため、リーク情報の「裏をとる」ことなく、そのまま流していた。のちにいくつかのメディアが北大生へのインタビューを実現したが、その内容は公安の「戦闘参加の強い意志」というものとは似ても似つかないものだった。

私は昨年（二〇一四年）七月末からこの北大生に接触し、取材を重ねていた。彼は表向きに「イスラム国で戦う」と口にしていた。しかし、その実、彼には戦う意志どころか、イスラム国へ向かう意志も、それを実行する能力もないことを知っていた。

二〇一四年一〇月六日以来、日本中に繰り返し流れた北大生のぼかし付きインタビュー映像は私が撮影したものだ。事件前から取材していたのは私一人だったから、撮影映像も私のものしかない。この映像の存在を公安は知らなかった。自宅外にマスターテープを預けていたからだ。預かってもらった方には「私の身に何かあった場合は、テープの映像をメディアに公開してほしい」とお願いしていた。私が想定していた「私の身に何か」とは、イスラム国で戦闘に巻き込まれ、死亡するなどといった事態だった。

不測の事態は、戦場のイスラム国ではなく、平和で民主的なはずの日本で起きたのだった。

北大生は私の取材に対して、イスラム国に行くとしながら、イスラム国やイスラムに関心を持っておらず、現実逃避や破滅願望を吐露するだけという印象だった。

ところで、いま話題になっているイスラム国を実際に訪問し、内部を直接、取材していたのは、日本はおろか、先進国・主要国では世界で私だけだった。世界中からイスラム国に戦いにやってくる義勇兵たちとじかに言葉を交わし、彼らの心情を聞いていた。

私が出会った外国人義勇兵たちは、件の北大生とは根本的に異なった種類の人たちだった。北大生が、イスラム国へ戦いに行くと強弁しながら、その実、シリアで起きている虐殺になんの関心も持っていないのに対して、義勇兵たちは、たとえ「テロリスト」と非難される過激組織の構成員であっても、少なくとも、シリアの惨状に胸を痛め、思い詰めてやってきたという点では、国境なき医師団の医師たちや国際人権団体のボランティアたちと変わるところがなかった。

そして、今回、この問題が、日本中の話題になって思ったことは、世の中の大半の人たちは、義勇兵たちやボランティアたちよりも、北大生の感覚にずっと近いということだった。

つまるところ、日本のほとんどの人たちはシリアになんの関心を持っていないし、そこで甚大な人権侵害が起きていることもよくは知らない。

さらに、この問題に「私戦予備陰謀」なる罪名を付けて捜査を開始した警視庁公安部も、北大生同様、シリアについて何も知ろうとしていないし、知るための能力もない。私は公安幹部が大手メディアを集めて開いたレクチャーのようすを聞き知っているが、得意げにこう語ったという。

「高学歴の社会不適応者が組織化されていく過程はまさにオウム真理教事件に酷似してい

る。われわれは今回、オウム事件の再来を未然に防いだ」

この的外れの言葉にはあきれた。事実は、まるで違う。シリアで起きている出来事は、日本の北大生の周囲で起きた出来事とはなんの関係もない。もちろん、オウム事件との酷似性や関連性もない。

北大生の問題は北大生個人の内面の出来事でしかないし、日本社会には彼のような空虚な青年たちが相当数潜在している、というだけのことだ。

一方で、シリアで起きていることは、七世紀にイスラムの歴史が始まって以来、連綿と続く社会のうねりの、一つの帰結であり、また一つの通過点だ。

さらに大事なことは、シリアの問題で最も重要なのは、イスラム国問題ではない、ということだ。深刻な問題は二〇一一年から続いており、これにだれも対処しようとしなかった。そのため問題はこじれ、ついにイスラム国の出現に行き着いた——。その深刻な問題は、アサド政権による自国民虐殺だ。

二〇一一年三月以来、シリアで殺害された人数はすでに二〇万人を超えている。実数では二十数万人といわれる。イスラム国はそのうちの数千人の殺害に関与したに過ぎない。大半の死者は、アサド政権による一方的な大量殺戮の犠牲者だ。

二〇一一年三月以降、「アラブの春」という中東諸国の民主化の動きのなかで、シリアでも平和的な民衆のデモが行われていた。これにアサド政権が銃弾を撃ち込むと民衆は次第に武装抵抗に走り、当初、世俗的で民主的な社会を求める運動だったものが、次第に宗教的な色彩を強めていった。やがて状況が絶望的になると、アルカーイダ系グループが民衆から頼られるようになり、イスラムをめぐる宗派争いに変質していった。その果てに出現したのが異形の組織イスラム国であった。

だから、イスラム国という問題だけに対処しようとしても、軍事的にも政治的にも解決は望めない。問題の根本にある、アサド政権による自国民虐殺を食い止めないかぎり、シリアは世界の脅威になり続けるだろう。

世界はこの四年、シリアを一切顧みなかった。その姿こそがまさに北大生のような無関心、無共感な姿勢に重なり、公安警察の的外れな捜査の見立てに重なる。迷走する彼らの姿は、世界が今、イスラム国という問題に悩む姿の象徴的な戯画である。

日本では、シリアや中東の情勢に関心が払われることもないまま、政府が日本国憲法の「解釈改憲」を宣言し、これまで認められなかったはずの集団的自衛権を行使できることにしてしまおうとしている。米国の同盟国として日本が今後、軍事協力を求められると想定されるのは、中東、イスラム圏での戦争だ。

日本は大戦中にマレーシアとインドネシアに侵攻した以外は、有史以来イスラム圏と一度も戦火を交えてこなかった。日本の軍人はただ一人のイスラム教徒も殺さず、イスラム教徒に殺されもしなかった。欧米諸国に対して強烈なコンプレックスを抱えている中東の人びとにとって、このことはきわめて大きな意味を持つ。

今の中東で、私のような訪問者が耳にするのは、「世界中でイスラム教徒は殺害され、弾圧されている」という地元の人たちの声だ。曰く、「ロシアでも、インド世界でも、中国でも、ビルマでまでも、イスラム教徒は権利を侵され、住み処を奪われ、殺害されている。そうしたなかで日本だけは決してイスラム教徒を苦しめず、支援の手をさしのべてくれる」と。

日本人のほとんどが、中東、イスラム世界で起きている悲劇になんの関心も払わず、顧みないなかで、向こうからは一方的な好意と期待が寄せられているのだ。

これは、ほかでもないチャンスだ。先進国、主要国の中で、私たちだけができることがある。ただ、必要なことは、私たち自身が、私たちには大きな潜在的な可能性があることを知ることではないだろうか。シリアは、中東は、日本から縁の薄い、どこか遠くの世界だ、という認識では、その可能性を活かせない。

本書では、イスラム国について、そしてシリアで起きている出来事について、みなさんにとって少しでもリアルに感じていただけるよう、わかりやすく解説したい。

常岡浩介

【付記】

二〇一五年一月二〇日、衝撃的な映像が飛び込んできた。

日本政府が二億ドルを支払わなければ、二人の日本人、湯川遥菜《はるな》さんとジャーナリスト後藤健二さんを殺害するという脅迫ビデオだ。

じつは、私は昨年の九月、その前月八月に拘束された湯川さんを救出したいとの思いからイスラム国に入った。イスラム国が、湯川さんに対して裁判を行う、ついては、その通訳と記録のために私と中田さんに来てほしいとの要請で、急遽シリアに向かったのだった。

本書は、そのときの取材がもとになっている。

ある事情で、湯川さんとの面会はかなわずに帰国したのだが、私は再びイスラム国に入り、湯川さんの解放に向けた努力をするつもりだった。

ところが、前述したように、私と中田さんは不当に被疑者扱いされ、イスラム国との連絡を控えざるをえなくなった。私と中田さんという、おそらく世界でもまれなイスラム国幹部との直接のパイプが機能できなくなったわけである。

後藤さんは昨年一〇月末に湯川さんの救出をめざしてイスラム国入りを試み、拘束されたという。この事態を招いた一つの大きな原因が、私と中田さんを被疑者扱いした警察の措置にあることは明白である。その不当性を、ここにあらためて訴えたい。

今回の人質事件で恐ろしいのは、これを機に日本で不安や恐怖、不信が深く広がり、反イスラム感情が広がることだ。それこそテロリストたちの思うつぼだろう。

むしろ気をつけるべきは、不要なリスクをつくり出さないこと。その点でもっとも危惧されるのは、武器輸出も進める安倍晋三首相の「積極的平和主義」が今後、具体化していくことだ。「平和国家ニッポン」のイメージが失われたとき、そのリスクを背負わされるのは海外で働くNGOであり、観光客であり、日本国民である。

今回の事件はあくまで、海外の危険地域でテロに巻き込まれた例外的なケースにすぎない。日本は世界でも一番、イスラム過激派のテロを受けるリスクが低い国だと、私は今でも思う。中東取材のなかで、「日本人だからおごる」「原爆投下の被害から復興したすごい国だ」と言ってくれる人によく出会う。そうした親日感情が、壊されていいのだろうか。

今、中東・イスラム世界、そしてシリアで起きていることを私たち日本人は知る必要がある。

（二〇一五年一月二六日記）

イスラム国とは何か　目次

4 義勇兵たち 123

5 どう向きあうか 151

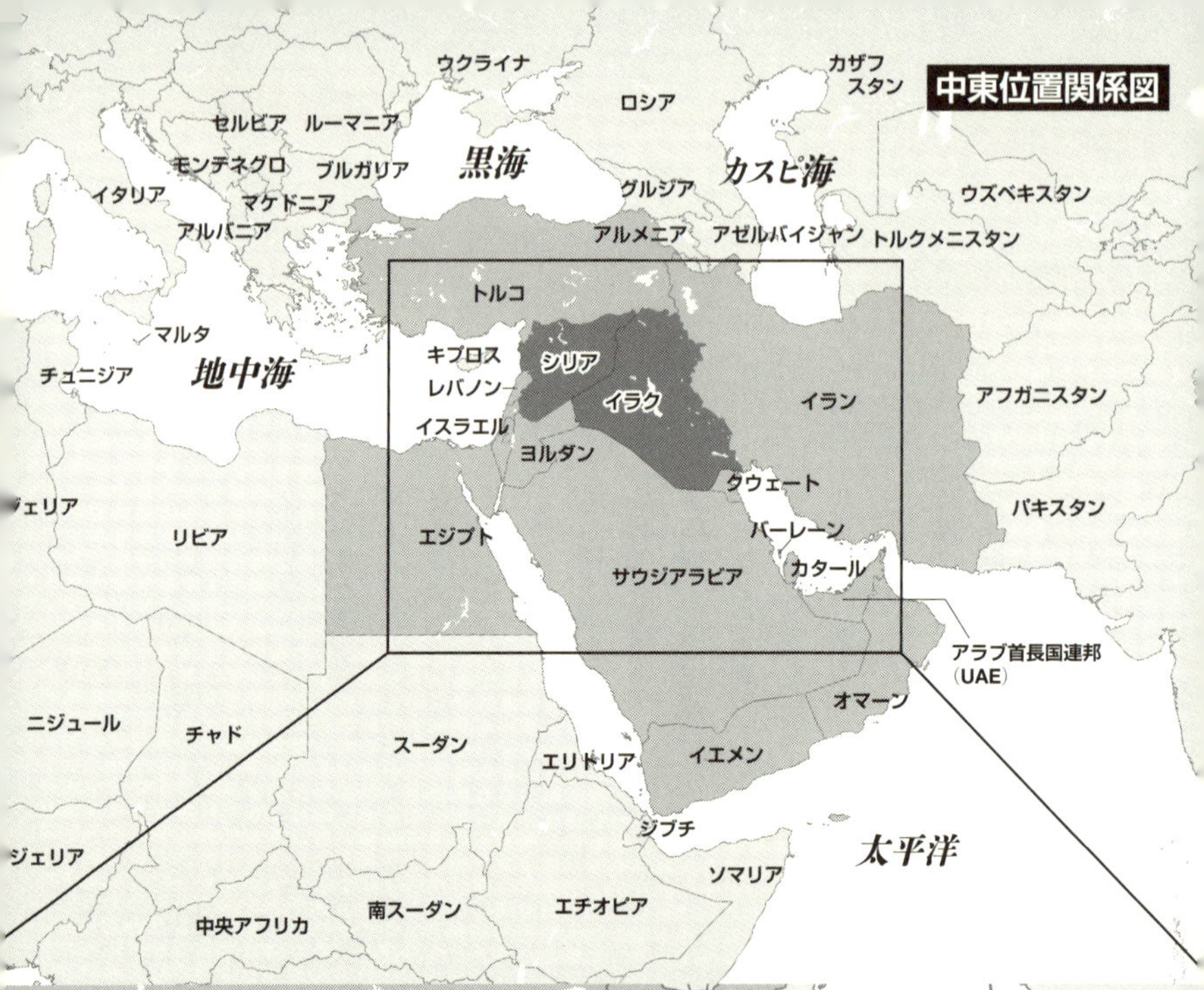
中東位置関係図
ウクライナ
カザフスタン
ロシア
セルビア
ルーマニア
モンテネグロ
ブルガリア
黒海
カスピ海
イタリア
マケドニア
グルジア
ウズベキスタン
アルバニア
アルメニア
アゼルバイジャン
トルクメニスタン
トルコ
マルタ
キプロス
シリア
チュニジア
地中海
レバノン
イラク
イラン
アフガニスタン
イスラエル
ヨルダン
クウェート
リビア
エジプト
パキスタン
バーレーン
サウジアラビア
カタール
アラブ首長国連邦（UAE）
オマーン
ニジュール
チャド
スーダン
エリトリア
イエメン
ジブチ
太平洋
ソマリア
南スーダン
エチオピア
中央アフリカ

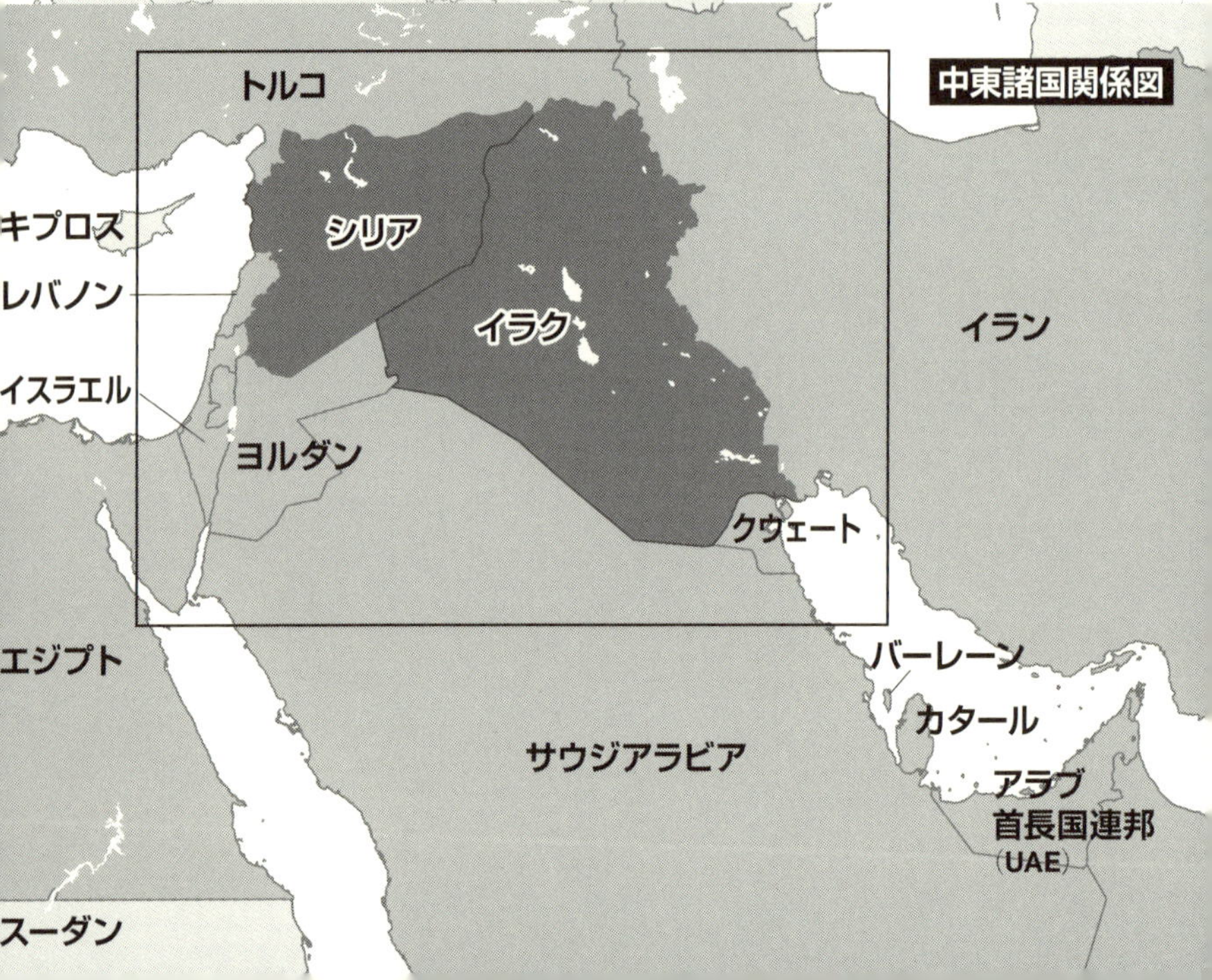
中東諸国関係図
トルコ
キプロス
シリア
レバノン
イラク
イラン
イスラエル
ヨルダン
クウェート
エジプト
バーレーン
カタール
サウジアラビア
アラブ首長国連邦（UAE）
スーダン

イスラム国の勢力図

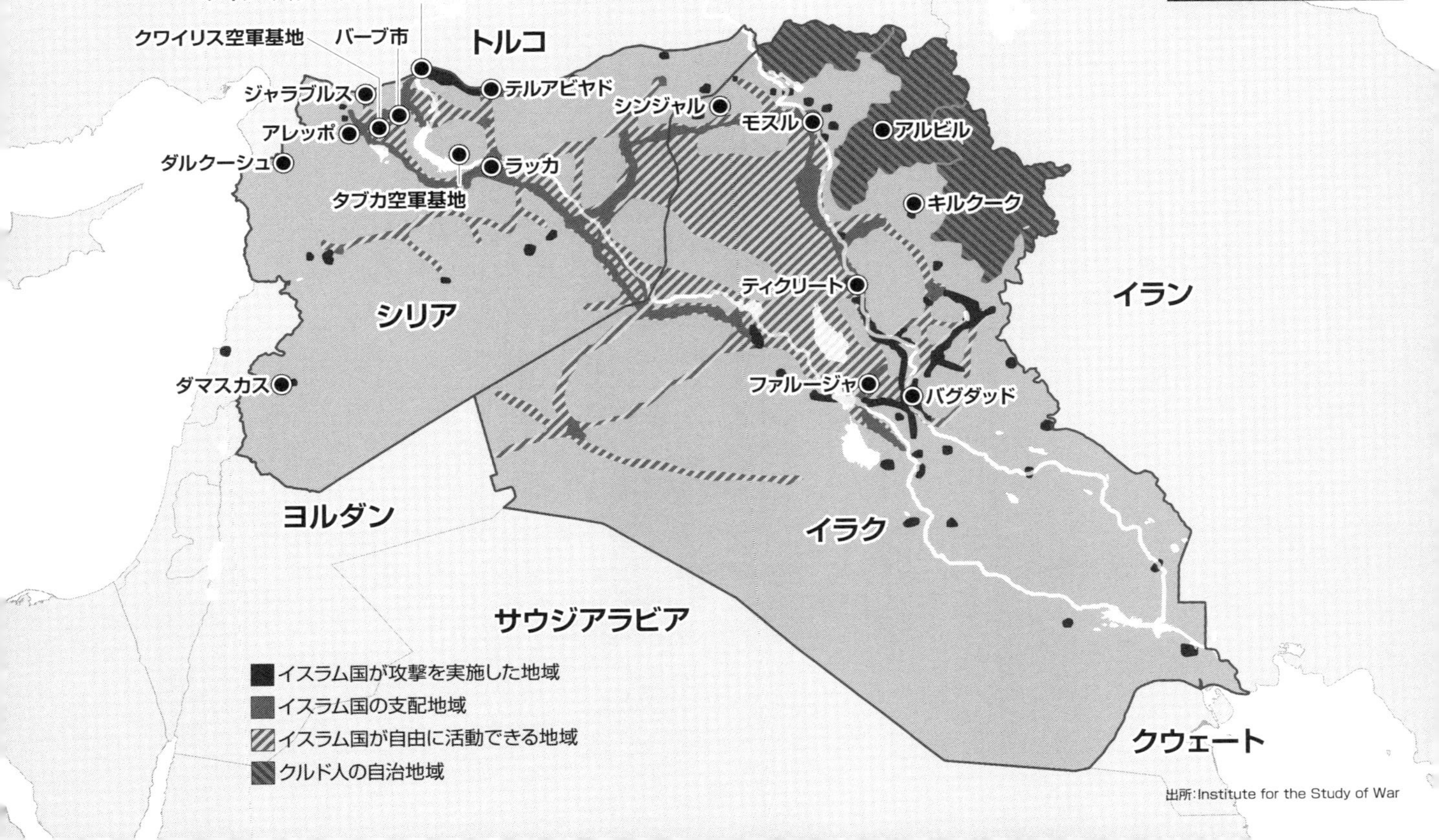

出所:Institute for the Study of War

シリア内戦の構図

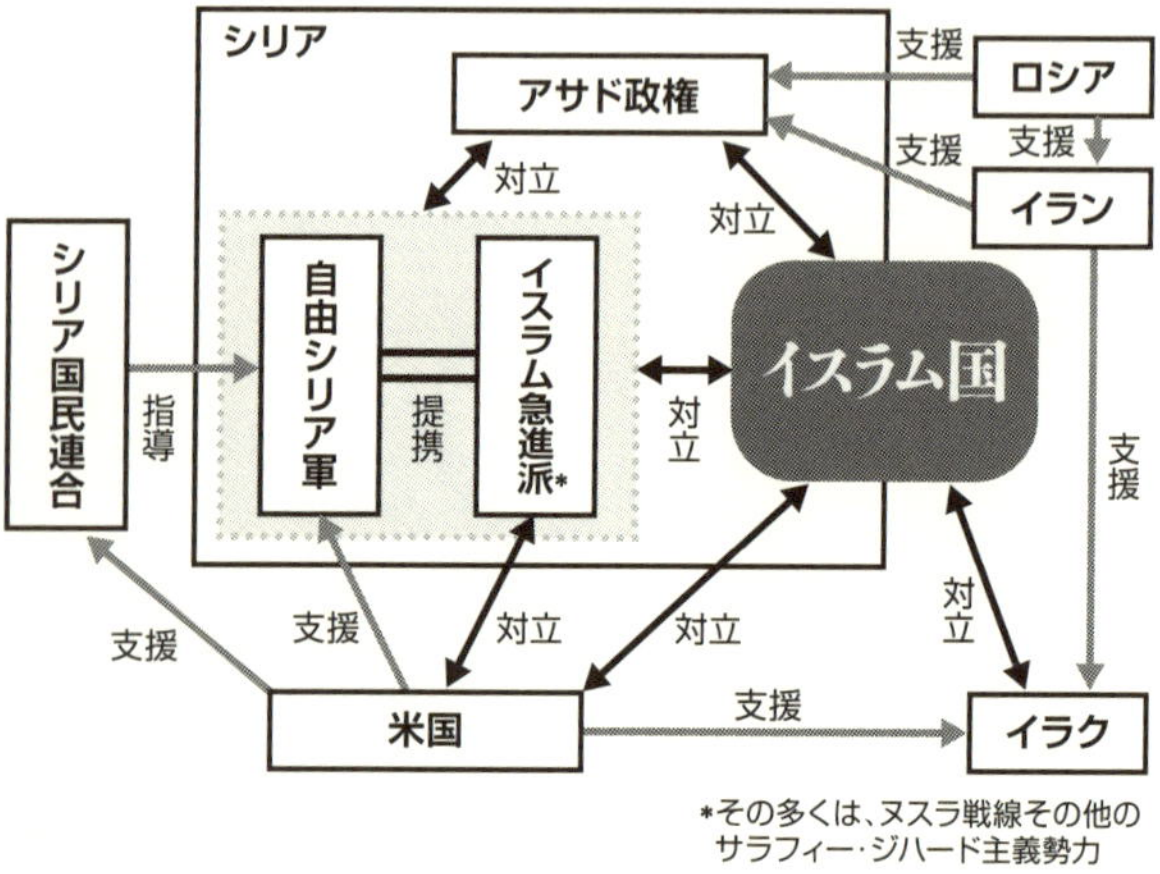
シリア
アサド政権
支援
ロシア
支援
支援
イラン
対立
対立
シリア国民連合
指導
自由シリア軍
提携
イスラム急進派*
対立
イスラム国
支援
対立
支援
支援
対立
対立
米国
支援
イラク
*その多くは、ヌスラ戦線その他の
サラフィー・ジハード主義勢力

1 潜入取材

イスラム国の首都ラッカに到着した著者

謎の存在、イスラム国。その指導部は秘密主義で、
実態を伝える情報はきわめて少ない。
アメリカ人ジャーナリストが斬首処刑されたことに見られるように、
外国人取材者には、生命の危険もある。
そのなかにあって、イスラム国支配地で三回の取材を敢行した。
三回目の取材は二〇一四年九月上旬。
トルコから国境を越えシリア領に潜入、貴重な情報を持ち帰った。

「イスラム国にすぐ来い」

──常岡さんは、二〇一四年九月一四日、イスラム国の支配地を取材した映像をフジテレビ「Mrサンデー」で放送したあと、多くのメディアでイスラム国について報告しています。

イスラム国が世界のニュースの焦点になっていますが、その正体がわからない。それは中からの情報が出てこないからだと思います。つまり、外部のものが取材できていないということが大きいと思うので、今回の取材はとても貴重だと思います。常岡さんはイスラム国への取材はこれまで何回、行っていますか。

常岡　三回です。最初は二〇一三年の春。シリアの内戦*を取材しようと、トルコのヤイラダアから山越えをして入ったところで、道がわからず、「ヌスラ戦線*」の基地に迷いこんでしまいました。「ヌスラ戦線」は、アルカーイダ系といわれる組織です。当時は、「ヌスラ戦線」とイスラム国は一つの組織でした。

＊**シリア内戦**…「アラブの春」とよばれる中東・北アフリカ各国での民主化の動きは、二〇一一年一月にチュニジア、二月にエジプトの独裁政権を打倒。三月からシリアでもアサド政権に反対するデモが始まった。政権の治安部隊がデモを武力弾圧し、これに抵抗するかたちで反政府勢力が武器をとり、政府軍との武力衝突に発展。一二月、国際連合人権高等弁務官事務所は

「事実上の内戦」と認定した。戦闘に参加する外国人の戦闘員も多い。

＊**ヌスラ戦線**…シリアで活動するサラフィー・ジハード主義の武装組織で、国連、米国などからはテロ組織と認定されている。二〇一二年一月、イラクで活動していたアルカーイダ系の「イラク・イスラム国」出身のシリア人の幹部、アブー・ムハンマド・アル＝ジャウラニがシリアに戻って「ヌスラ戦線」を結成した。「ヌスラ戦線」がシリアで成功すると、「イラク・イスラム国」の指導者バグダディーは、「ヌスラ戦線」を吸収合併すると発表。ジャウラニはこれに反発、組織は分裂した。いまは、「自由シリア軍」などとは共闘し、イスラム国とは激しく戦っている。

迷いこんだ基地にいたのは、全員が外国人の義勇兵でした。あとで説明しますが、この外国人義勇兵の多くはその後イスラム国に流れこみましたので、今ごろはイスラム国のメンバーでしょう。

二回目が、その少し北側からシリア入りをした二〇一三年の一〇月。そのさい、イドリブ県のダルクーシュを支配するシェイフ・オマル・グラバーというイスラム国司令官（オマル司令官とよぶ）と知り合いました。

三回目が、昨年（二〇一四年）九月のイスラム国入りです。

――今回はどのような経緯でイスラム国に入ったのですか。

常岡 二〇一四年八月二六日、私のスマートフォンに、オマル司令官から、いきなり、音声メッセージが入ってきました。

そのとき私は西アフリカにいました。シエラレオネでエボラ出血熱の取材をしていました。「ケル・ミー・プリーズ、ケル・ミー・プリーズ」と三回くり返しました。何かと思ったら、「コール・ミー・プリーズ」（電話がほしい）でした。緊急に連絡を取りたがっているようすです。私は、アラビア語のできる中田考さん（元同志社大学教授）にメッセージを回したところ、中田さんにも、すでに連絡が入っていました。

中田さんによれば、イスラム国に捕まった日本人、湯川遥菜《はるな》*さんについて、「彼は生きていて健康である。スパイの疑いが掛かっていて、尋問が続いているものの、言葉が通じてないので通訳者を必要としている。彼に関しては、イスラム国は身代金のネタにしようという考えを持っていない。イスラム法*にもとづいて裁判を行うということを決めていて、きちんと手続きを進めていることをジャーナリストに取材させようと考えている」と伝えてきたそうです。

湯川さんの件を直接担当している人間が、オマル司令官の上官にあたるそうですが、「自分（オマル司令官）は、通訳者としてハサン中田（中田考）を推薦し、取材するジャーナリストとしてシャミール（常岡浩介）を推薦した。だから、すぐに来てくれ」と言うのが、彼のメッセージでした。そのため急遽、中田さんと二〇一四年九月四日発の航空便でトルコに向かい、シリアのイスラム国の領域に入ったのが、五日の深夜でした。

結果からいうと、今回の取材で、湯川さん本人にも、湯川さんの件を担当しているというその上官にも残念ながら会えませんでした。

＊**湯川遥菜**…二〇一四年八月、イスラム国に拘束され尋問される日本人男性の映像がインターネットで流れ、千葉県出身の四二歳、湯川さんと判明した。湯川さんは、トルコ南部からシリアに入国して反政府武装勢力に同行しており、イスラム国との戦闘中に行方不明になったとされる。二〇一五年一月、イスラム国が湯川さんとともにジャーナリストの後藤健二さんの二人を人質に取ったとする映像がインターネット上に流れた。映像は七二時間以内に二億ドル（約二三六億円）を払わなければ二人を殺害すると警告した。

＊**イスラム法**…シャリーアといい、コーランと預言者ムハンマドの言行（スンナ）を法源とする法律で、イスラム法学者が法解釈を行う。多くの国々の法体系の基盤になっているローマ法と起源を異にする。イスラム世界独自の法体系で、民法、刑法から国際法にまで及ぶ。

――ただ、イスラム国のある程度の地位の人が、その湯川さんの尋問のために、わざわざ通訳を日本からよぼうとしたわけですね。

常岡　そうです。当時は米英の人質とは違い湯川さんを裁判で裁こうとしていたのです。しかし、今年（二〇一五年）一月に湯川さんとジャーナリストの後藤健二さんが人質になった映像がインターネット上に流れました。非常に残念な結果となってしまいました。

国境越え――スナイパーと警備隊を避けて

――シリアへは密入国だったのですか。

常岡　はい、シリア現政権の入国審査がないところを通りますから、自動的に密入国になります（笑）。

イスタンブールからシリア国境に近いガジアンテップに移動して、そこから陸路で入っていきました。そのときにイスラム国にむかう義勇兵志願者たちといっしょになりました。「さあ、出発しよう」というときになって、彼らが中田さんに、「そのひげは危ない」といい始めました。「ＰＫＫのスナイパーに狙われる。奴らはひげの長い人間を狙うんだ」と。

長い顎ひげはイスラム主義者の象徴です。イスラム国の義勇兵はみんな顎ひげを伸ばしている。中田さんも顎ひげを伸ばしていました。

一方、ＰＫＫこと「クルド労働者党」は長年トルコでクルド人*の独立を求めてきた組織で、建前では共産主義者ですから、イスラム主義のイスラム国とは水と油です。今、イスラム国がシリアのクルド人を攻撃する理由にしているのは、彼らがＰＫＫと関係を持っていて、共産主義者であり、無神論者や不信心者だからだというものです。

——ＰＫＫといえばクルド人部隊ですが、ガジアンテップはクルド人が多い地域なのですか。

常岡　ガジアンテップはクルドの民族衣装を着た人がかなり多く、町を歩いていると、アラビ

***クルド人とＰＫＫ**…クルド人は、「国家を持たない世界最大の民族」といわれ、トルコ・イラク・イラン・シリア・アルメニアなどにまたがって分布する。人口は二五〇〇万〜三〇〇〇万人とされ、それぞれの居住国で独立や自治権の拡大を求める運動が存在するが、運動体同士の関係はときに敵対的である。イラクでは、サダム・フセイン政権の下、迫害を受けたが、現在では北部のクルディスタン自治区で大きな自治権限をもち、油田が多いこともあって経済的に活気づいている。クルド人は、トルコに最も多く、およそ一五〇〇万人が住む。トルコではＰＫＫ（クルド労働者党）が武装闘争を含む激しい独立運動を展開し、政府と対立してきた。

ア語ではなくクルド語の会話が聞こえてきたりしました。

クルド人部隊が、イスラム国へ向かう義勇兵を、国境で狙い撃ちするというわけです。

イスラム国とクルド勢力は、シリアでもイラクでも激しく戦っている不倶戴天の敵同士です。

「これから敵中を行くんだな」とずいぶん緊張しました。

中田さんは仕方なくひげを切り、私もひげは長くありませんが、少し短くしました。


――トルコからシリアへ、どのようにして国境を越えたのですか。


常岡　運よくスナイパーに撃たれはしなかったのですが、苦労したのは、トルコの国境警備隊の取り締まりが厳しかったことです。イスラム国支配地に入ろうとする人が警備隊に捕まって刑務所に入るケースもかなりあるようです。

私たちはイスラム国が用意したミニバスで国境にむかいましたが、国境のほうから徒歩でこちらにやってくる人たちがいました。イスラム国から出てきたらしく、彼らがバスの運転手に、「アスカル、アスカル（兵士だ、兵士だ）」と言うと、バスの運転手はいきなりUターンして全速力でトルコ側に戻り始めました。

この密入国用のミニバスには十数人が乗り合わせていましたが、男性ばかりではなく、女性や子どもでいっぱいでした。イスラム国に参加した義勇兵たちの家族です。

義勇兵として男性がまず入っていくわけですが、そこで生活ができるとなると、家族をよびよせて新しい生活を始めるそうです。バスに乗り合わせた女性たちはみんな「ニカブ」という、目しか出さない黒装束でした。

バスがいきなりトルコ側に戻りはじめたため、車内では「密入国は失敗した」という落胆の声がもれました。その後、すっかり日も暮れた夜、ある果樹園の中にバスが止まり、「ここから徒歩で行く」と言われました。

義勇兵と女や子どもたち、私と中田さんもみんな荷物を背負って、果樹園から徒歩で、茂みの中をどんどん歩き、一キロほどいくと鉄条網が転がっていました。それが国境だったようです。その鉄条網をまたいでさらに歩きました。

真っ暗な中で、懐中電灯を照らすと国境警備隊に見つかるので月と星明かりで進みました。しばらく歩くと線路が敷かれていました。いまは戦争のため運休しているシリアの鉄道の線路だと聞きました。つまり、これはシリア領だ、と。線路を越えたところで待っていると車がやってきました。

――一行をアテンドする「道案内人」はいましたか。

常岡　トルコ側を案内する人間と、シリア側を案内する人間がいました。トルコ側の案内人はシリア側の案内人と無線で連絡を取って落ち合い、私たちを引き渡して戻っていきました。

密入国成功

常岡　シリア側では一台の四輪駆動車で二回ピストン輸送して、いっしょに来た十数人を、基地のようなところにいったん運びました。そこで数十人の義勇兵が合流してきました。ほとんどが初めて来た人のようでした。ここから大型バスに乗り換え、ジャラブルスという町まで行きました。そのバスには「モスル大学」と書いてありました。

――イラク第二の都市モスルで走っていたバスが、シリアで使われていたということですね。

常岡　そうです。イスラム国がイラクとシリアにまたがる国になっているんだなと思いました。私たちはジャラブルスについて、宿舎に入りました。

ジャラブルスには「ダウラーイスラミヤ」、つまりイスラム国と書かれた施設がありました。そこが移民局になっているようでした。

義勇兵たちと家族は、男女に分かれてどこかに連れて行かれて、私と中田さんは少し離れた建物に案内されて、「ここに泊まってください」といわれました。たぶん以前はシリア政府が使っていた建物だと思います。

——入国手続きはないのですか。

常岡　翌日、銃を持ったイスラム国のスタッフらしい人が現れて、「あなたの名前は？」と聞いてきました。中田さんは「ハサンです」とムスリム名を答えると、「ハサン・ヤバーニ」(ハサン・日本人)と書類に記録していました。「あなたは？」というので、「シャミールです」というと、やはり「シャミール・ヤバーニ」(シャミール・日本人)と記録し、書類をもっていきました。それだけでした。たぶん、いっしょに入った義勇兵たちにも同じような個人確認をしたのでしょう。ファーストネームと国籍だけ、これでは個人特定になりませんよね。イスラム圏の名前って、「ムハンマドさん」とか「ハサンさん」ばっかりですから。「ムハンマド・エジプト」といったら、何人いるかわからない(笑)。

いくらでも、だれにでもなりすませそうだと思いました。

シリアで乗った「モスル大学」と書かれた大型バス

いちおう移民局という役所として体裁だけとっているという感じでした。

私たちはジャラブルスで一泊し、翌日、ミニバスに乗せられて、シリア側のイスラム国の首都とされるラッカに移動しました。


——移動中、戦闘の跡らしきものは見ましたか。


常岡 国境を越えて、ジャラブルスまでの道中では戦闘の跡は見ませんでした。戦闘の跡を見たのは、後日、テルアビヤドからラッカに行く移動の途中で、破壊された建物をいくつも見ました。

それから、ラッカからアレッポ県バーブ市に移動する途中、空港のそばを通りました。ここはタブカという空軍基地*で、二〇一四年八月ごろ、イスラム国が政府軍から攻略したところです。戦闘による破壊の跡やジェット戦闘機ミグの残骸がありました。その周辺に、廃墟になったアサド政権*の検問所がたくさんありました。

内戦のなかでアサドが政権を維持できているのは、空軍力が卓越しているからです。空軍基地陥落は軍事的に大きなマイナスですね。

＊タブカ空軍基地…二〇一四年八月二四日、イスラム国は、シリア国内有数の軍事拠点、北東

上：タブカ空軍基地周辺に残るジェット戦闘機ミグの残骸
下：戦闘による破壊の跡（路上に放置された焼けたトラック）

部ラッカ県のタブカ空軍基地を制圧した。これで政府軍は同県の拠点をすべて失うこととなったという点でも、タブカ制圧は、イスラム国にとって戦略的な勝利だったとされる。

＊アサド政権…二〇〇〇年、バッシャール・アサドが、一九七〇年のクーデターで全権を握った父親の跡を継ぎ、大統領としてシリア・アラブ共和国を統治する。バアス党による一党独裁で、少数派であるアラウィー教徒が権力の中枢を占める。二〇一一年三月アサド政権を批判するデモが始まるが、これを武力で鎮圧。バッシャール・アサドは、二〇一四年の大統領選で八八・七％の得票率を得て三選されたとする。政権は、かねてより欧米から「テロ支援国家」と指定されている。アサド大統領は、二〇一一年九月九日に日本の資産凍結の対象者となった。

首都ラッカはシャッター街

常岡　ラッカで私たちが連れていかれたのは、また移民局でした。そこにはオフィスがあり、何か書類仕事をしている人がいました。そこで、義勇兵として集まってきた人たちが、いくつかの部屋に振り分けられ、マットレスを敷いた部屋でごろごろしていました。おそらく、そこから「どこの部隊にあなたは配属になりました」と決められ、送られていくながれがあるのでしょう。

ラッカはイスラム国のシリア側の首都です。イラク側はモスルが首都と聞いています。ラッカはユーフラテス川に面した、砂漠の中のオアシスで古くから栄えたようです。アッバース朝*の最盛期、ハールーン・アッラシードというカリフ*がつくった城壁があります。かつて、バグダッドからラッカに入るときに使ったバグダッド門という門があり、歴史を感じさせる町です。

人口は二〇万人といっていました。ラッカ市内には、弾の跡が残る壁や破壊された建物などがあちらこちらにありましたが、町中が破壊しつくされているというわけではありません。ただ、ラッカに入って驚いたのは、町の中心部のシャッターが軒並み下りていたことです。店の九割ぐらいは閉まっている感じでした。

中田さんは二〇一四年三月にもラッカに行ったそうですが、「あのときと全然違う。これは町の人が逃げていますね」といっていました。三月からまだ半年しか経ってないのに、人が大幅に少なくなっているのは、イスラム国の処刑などを見て、逃げたのでしょう。

インターネットに写真があがっていましたが、ラッカの中心部に、イラク政府軍兵士の首五〇個をさらしたこともありました。残酷な処刑が市民の目の前で展開されて、おびえてしまったのだと思います。まだ米国の空爆の前でしたから、空爆を避けて逃げたというわけではありません。

その意味で、イスラム国は住民から支持されていないと思います。

＊**アッバース朝**…七五〇年～一二五八年に栄えたイスラム王朝で、最盛期の支配地は、西はイベリア半島から東は中央アジアまで及んだ。イスラム教の開祖ムハンマドの叔父アッバースの子孫をカリフとし、イスラム黄金時代を築いたといわれる。アッバース朝ではアラブ人の特権は否定され、すべてのムスリムに平等な権利が認められた。

＊**カリフ**…スンニ派が主張する預言者ムハンマド亡き後のイスラム共同体の指導者、最高権威者の称号。原義は（神の使途の）「代理人」。

――イスラム国がラッカを落としたのはいつですか。

常岡 ラッカはまず、二〇一三年三月の初めに「ヌスラ戦線」とチェチェン人の勢力が落としています。そこをイスラム国が完全占領したのは二〇一四年三月です。

ラッカ空爆に遭遇

――常岡さんがイスラム国滞在中、戦闘はありましたか。

常岡　ラッカが空爆を受けました。私たちがラッカに行ったちょうどその日に、アサド政権が初めての本格的なラッカへの都市空爆を行いました。

空爆があったのは、私たちがラッカへむかっているときで、町に着いてから爆撃を知りました。夜、町なかに入ると、大変な交通渋滞になっていました。何事だと思い、車の窓から見ると、破壊された建物がありました。

移民局のスタッフとオマル司令官によるとラッカの中心部に八回の空爆があったそうです。ロイターなどの報道によれば五〇人の死者が出て、そのうち一般市民が三〇人。私が見たのは、町一番の繁華街でしたから、そこでも犠牲者が出た可能性はあります。

アサド政権の非道

――反政府勢力の影響下にある地方では、アサド政権軍が住民居住地を無差別的に爆撃するそうですね。

常岡　そうです。最初は、空からミサイルを使って都市空爆をやり、主要な建物を丸ごと破壊するようなやり方でした。それが、空対地ミサイルが底を突いてきたこともあり、ドラム缶にTNT（トリニトロトルエン）爆薬を詰めたものを、ヘリコプターや航空機から落とすというやり方に切り替えてきました。これが樽《たる》爆弾です。

TNT爆薬を詰めただけの激安の爆弾なのに効果があるとわかった。アサド政権は高いミサイルを使うより「こっちがいい」と、大量に使い、シリア全土で、甚大な被害をもたらし続けています。

最近は、イラクのマリキ政権が真似をして、イスラム国掃討を理由にファルージャを攻撃した際、この樽爆弾を使い始めたようです。イラク人質事件の被害者・高遠菜穂子さんは、ファルージャの病院支援などを続けていますが、現地から直接、生々しい情報を得ています。マリキ政権は「イスラム国を攻撃する」と称して、イスラム国や外国人義勇兵のいない市街地にまで無差別空爆を繰り返し、甚大な一般人の死者が出ているというのです。

――戦略目標をピンポイントで狙うのとはまったく反対の爆撃の仕方です。これでは住民にたくさんの犠牲者が出てしまいますね。

常岡　そうです。コンクリートでつくった家が多いので、建物の崩壊の巻き添えになり、多くの犠牲者が出ています。

――二〇一二年七月に、ジャーナリストの安田純平さんが、反政府勢力の自由シリア軍を取材しました。彼が撮ったビデオには一つの町を自由シリア軍がきちんと統治している様子が記録されていました。医療施設はなく、ボランティア医師たちが爆撃を避けて地下にクリニックを開き、市場があり、パン工場があり、配給施設がありということで、町を自主管理していました。

そこにアサド軍の空爆があった。攻撃はパン工場や市場です。破壊された市場の地面に散らばったトマトの痛々しい映像が印象的でした。当時はミサイルを使ってかなり正確に施設を破壊していたようです。

地上では、政府軍のスナイパーが医師と看護師を狙う。だから安田さんのビデオの中で、普通の市民は顔をさらして登場していますが、医療スタッフだけは、顔を隠していました。つまり、アサド政権は、市民サービスを崩壊させる、住民はいくら殺してもいい、そういう発想だと知り、私は衝撃を受けました。

常岡　アサド政権は、そういう住民攻撃を、ずっとこの三年間、続けてきています。安田さんが取材したのはレバノン国境に近いラスタン、クサイルなどの町ですが、アレッポなどほかの地域でも同じことを繰り返しています。

――もちろん、一般論として戦争自体がいけないわけですが、戦闘の仕方があまりにも非人道的ですね。

常岡　その通りです。アサド政権は、地上部隊同士での直接戦闘を避ける傾向にあります。アサド政権にとって何が有利なのかというと、空軍力を持っていることです。あとは、「自由シリア軍」がほとんど持っていない戦車などの重火器を持っている。それを最大限に利用し、空爆を行い、重火器で遠くから砲撃する。そのとき、敵の兵士や軍の施設を攻撃するのではなく、敵が支配している町の機能に打撃を与える。つまり、市場、インフラ施設、あるいは病院といったところを攻撃する。これで多くの死傷者が出ます。住民サービスや生活を支えるサポートがなくなり、人が住めなくなる。住民はその町を離れて難民化せざるをえないわけです。

――シリアでは、どのぐらいの人的被害が出ていますか。

常岡　最近の数字で、犠牲者は少なくとも二〇万人、この二〇万人は少なく見積もった数字だそうです。おそらく実数は二十数万人だといわれています。避難民が、全部で九〇〇万人といわれています（NGOシリア人権監視団の統計による）。

総人口が、もともと二二〇〇万人です。ほぼ半数が避難民になったわけです。避難民のうち国外は三〇〇万人です。

――日本に住む私たちには、想像を絶する事態です。住む家を失った避難民が人口の半分近くになっているというのは、国家そのものが崩壊状態にあるといっていいですね。

常岡｜破綻国家です。このシリアが破綻国家になったことが、イスラム国という「怪物」の勃興の背景にあるといえます。

ラッカの市民生活

――ラッカからたくさん市民が逃げ出したとなると、町は閑散としていたのですか。

常岡｜にぎわってはいませんが、市民の姿もあります。シャッター通りの商店街のなかにも開いている店はあり、カフェやレストランも開いていました。バスの絵が付いた旅行会社も見かけました。市場もきちんと開いていました。物売りも買い物客もいます。日本の築地市場みたいに、屋根があって壁はないような建物で、野菜やスイカなどの果物がたくさん売られているのを見ましたし、肉屋も開いていました。流通は、何とかなっているようです。通りには、貨物を積んだトラックや自家用車も普通に行き交っています。また、ガソリンスタンドでは、シリアポンドでガソリンを販売していました。市場でガソリンをポリタンクで小口売りしている人もいました。ただ、ガソリンがだいぶ高くなったそうで、それを嘆く声もありました。

町から逃げた人は多いけれど、町に留まった人は、普通に市民生活を続けている感じでした。ラッカでは一日の大半、電気も通じていました。電気をつくる燃料があるからでしょう。ただ、バーブ市やテルアビヤドでは、昼間、突然停電になりました。地方では停電は日常的にあるようです。

――通貨はどうなっていますか。

常岡――シリアの通貨を使っていました。イスラム国を宣言したけれど、通貨はシリアのものを使っていました。

イスラム国支配地のシリアでは、シリア・ポンドと米ドルを使っています。イラクでは、イラク・ディナールと米ドルを使っています。独自の国をつくったはずなのですが、独自の通貨があるわけではありません。昨年（二〇一四年）一一月一三日、イスラム国は独自の金貨と銀貨、銅貨を発行すると発表しましたが、実態は不明です。

――治安はどうでしたか。

上・下：ラッカの市民の姿。シャッター通りの商店街のなかに開いている店もあった

常岡　治安はいいと聞きました。町なかに戦闘員がたくさんいて、ところどころに検問所があるため、敵の攻撃だけでなく、犯罪の抑止になっているようです。敵対する人が入らないようにチェックしていました。

イスラム国支配による変化――宗教浄化

――市民が激減しているほかに、イスラム国の支配を感じさせるものはありましたか。

常岡　至るところに、黒い旗が翻っていました。イスラム国の国旗です。黒地に白文字で「アッラー・預言者・ムハンマド」と書かれています。

黒という色は、不気味に感じるかもしれませんが、イスラムでは普通です。黒旗は、イスラム国のオリジナルではなく、ムハンマド*の時代に使われていたものです。ムハンマドの旗は、まだイスラムが支配できていないところは白地に黒文字で、イスラムが支配したところは黒地に白文字というのが基本でした。ムハンマドは黒いターバンを巻いていたそうです。

黒い旗が至るところに立ててあるのは、ここはイスラム国の支配地だ、というデモンストレーションです。とにかく国をつくるというモチベーションが強い集団です。

ただ、裁判所の建物全部が真っ黒に塗られているのを見たときには、さすがに外国人の目からは異様に思いました。イスラム国の支配になってから、真っ黒にしたのですが、仮面ライダーの悪の組織「ショッカー」の秘密基地みたいな感じでした（笑）。

＊ムハンマド（AD五七〇～六三二）…ムハンマド・イブン・アブドゥッラーフ。預言者として、六一〇年にイスラム教をはじめた開祖。アラビア半島西中部、メッカ出身。イスラム教では、モーゼ、イエスなどに続く、最後にして最高の預言者であり、神の使徒とみなされている。また統治者、軍人としてイスラム国家を打ち立てた。

――イスラム国としては、「今後は世俗的な法律にもとづく裁判はしないぞ」という意思表示の意味もあるでしょうね。

常岡　はい。ここで開かれるのはあくまでイスラム法（シャリーア）を基にした裁判をやるということのようです。

――他に特徴的な変化はありましたか。

常岡　イスラム国支配のラッカを歩いて、驚いたのは、町を行く女性が、全身真っ黒のニカブという服装になっていたことです。目だけを除いて体中を覆ってしまう衣装です。たまに、少

背後の黒旗には上から「アッラー以外に神はなし」、白い円には「アッラー　預言者　ムハンマド」とある。その下は「イラク・シャム・イスラム国」と書かれている

しゅるい服装、髪の毛だけ隠した格好で歩いているおばさんや、普通の格好をした子どももいて、市民に聞くと、「あまり徹底していない」「でも強制はしている」などと言っていましたが。

　内戦前、シリアには一〇回ぐらい行ったことがありました。以前はシリアは世俗的な国でしたので、ニカブを着ている人はほとんどいませんでした。イスラム教徒の女性は髪を隠します。緩い国でもスカーフをかぶりますが、かつては首都のダマスカスなどでは、髪の毛を隠さないまま出歩く女性も多かったし、お酒も普通に売っていました。中東の雰囲気はもちろんあったのですが、欧米の町のようで、まったくイスラムらしさがない一面もありました。

　ジャーナリストの橋田信介さんと一緒に訪れたときのおもしろい思い出があります。橋田さんが亡くなる前（二〇〇四年にイラクで取材中に、武装集団の銃撃で甥の小川功太郎さんとともに殺害された）の年くらいでした。当時はイラク取材をする場合、シリアから出たり入ったりしていました。

私はイラクから国境まで来て、シリアの入国審査ポイントで橋田さんが、私を指して「この人は、ハッジなんだぞ」と入国審査官に言いました。「ハッジ」というのは、メッカに巡礼したイスラム教徒のことで、イスラム教徒から尊敬されるわけです。だから橋田さんは、偉いのだから恐れ入るだろうと思ったようです。ところが、シリアの審査官に、「そんなの、ここでは関係ない」とすごく冷淡にあしらわれて、橋田さんが拍子抜けして、驚いていました。つまり世俗国家だから、メッカに巡礼したかどうかは、なにも関係ないのだと。

　そういう世俗的な世の中に住んでいた人たちが、ニカブを着ないと買い物にも行けないとなると、不便でしょうね。

　もう一つ、この市民の服装以外に、イスラム国らしいなと感じた変化があります。それは宗教施設が破壊されていたことです。

　義勇兵とバスでラッカ近くを移動していたとき、一面がれきだらけになったところを通り過ぎました。シーア派*の宗教施設で、後で聞くと、ウワイス・カラニー廟といい、イランがつくったペルシャ様式の立派な建物だったそうです。

　戦闘で砲弾などが当たって被害を受けたのではなく、完璧な破壊です。建物がそこにあったことはわかりますが、爆薬で破壊したのか、建物は二度と使い物にならないぐらいに廃墟になっていました。

こうした施設を移動中のバスの窓から見ました。バスの義勇兵たちの中からは、「オォー」と歓声のようなものが上がりました。

イスラム国のメンバーは、「もはやラッカには、シーア派やアラウィー教徒*は一人もいない。全部出ていった」とうれしそうに言っていました。

＊スンニ派とシーア派…ムハンマドが六一〇年に開いたイスラム教の二大グループ。もともとは、だれがイスラム共同体を率いていくのかで分かれた。ムハンマドが没すると、その血統を重視し、ムハンマドの娘婿アリーとその子孫だけがイスラム共同体の指導者イマームとなるべきだとするシーア派と、共同体の合意で選ばれたものが指導者カリフとなるべきだと主張するスンニ派に分裂した。スンニ派が多数派で、シーア派は世界のイスラム教徒の一割ほどといわれる。シーア派が多い国としては、イラン、イラク、バハレーンなどがある。

＊アラウィー教（派）…イスラム教シーア派の一分派ともみなされるが、輪廻転生説など独特の教義を持ち、異端、異教とみなす立場もある。シリアではアラウィー教徒は人口の一割強にすぎないが、権力層を占め、アサド大統領はじめ支配政党のバアス党や軍部の中枢に多い。

――民族浄化という言葉がありますが、イスラム国は、いわば宗教浄化をやっているように見えます。

上：建物全体が黒く塗られたイスラム国の裁判所
下：破壊されたシーア派の宗教施設ウワイス・カラニー廟

常岡　イスラム国はアルカーイダの流れをくんでいます。スンニ派のサラフィー主義*がベースにあります。サラフィーとは、イスラム教内部での違いにうるさくて、シーア派などは成敗する対象になっています。もっとも、実際にはイスラム国の兵士が同じスンニ派のサラフィー主義者を殺したりもするのですが。

＊**サラフィー主義**…一三世紀のイスラム思想家イブン・タイミーヤが提唱した思想で、シーア派やアラウィー教徒、イスラム神秘主義のスーフィーなどを「異教徒」「背教者」と認め排撃する。七世紀の預言者の時代を理想とし、その当時の生活を再現しようとする。教義解釈を巡る論争を否定し、聖典クルアーンを字面通りに解釈しようとする。

湯川遥菜さんを救いたかった

——二〇一四年九月のイスラム国行きは、拘束された日本人の湯川遥菜さんの通訳と取材が目的でした。それは叶わなかったわけですが、湯川さんはどこにいたのでしょうか。

常岡　私たちはラッカだと思っていました。ラッカによばれて、そこで担当の上官に会わせるということでした。ラッカ市内か、またはラッカ近郊にいるのだろうと理解していました。実際には会えませんでした。

――なぜ会えなかったのでしょうか。

常岡　オマル司令官が自分の――湯川さんの担当だとされる――上官にまったく連絡が取れなかったのです。爆撃の影響が大きかったようです。空爆が始まり、イスラム国内部の連絡系統が混乱しているようでした。

オマル司令官は、しきりに無線でよびかけたのですが、向こうからの返答がなく、連絡が取れない。ラッカに入って三日目の二〇一四年九月八日の時点でようやく上官からの連絡が来まして、「一週間待てませんか」という内容でした。

ただ、一週間待てばかならず会えるという確実な約束ではありません。アラブ世界でそういう曖昧な言い方では、当てになりません。「もう帰ります」といって帰国しました。時間切れでした。

私たちが現地にいたのは、二人目の米国人の人質が殺された直後で、これから英国人も、というタイミングでした。オマル司令官が、湯川さんは「英国人やほかの人質たちといっしょにいるから、秘密性が高くなっている」という言い方をしていました。

　こうした状況を考えると、湯川さんは場所を移されている可能性もあると思いました。ただ、オマル司令官がこの話をしたのは、上官と連絡が取れていない状況下でした。上官から聞いた話なのか、オマル司令官の考えなのか、はっきりしません。

――その後、二〇一四年九月二三日には米国のシリア空爆が始まりました。そこでまた湯川さんの居場所が移されたのかもしれません。ところで彼らは湯川さんを何とよんでいましたか、「人質」でしょうか。

常岡　いいえ、「囚人」でした。アラビア語には、「人質」という単語はありません。「捕虜」と「囚人」が同じ意味です。アシール（asir）という単語でよんでいました。

　犯罪を犯した囚人も、戦争捕虜も、同じ単語になってしまう。おそらく戦争捕虜に近い立場だろうと思います。

――ずっと拘束されているのはスパイ容疑があるからでしょうか。

常岡　いいえ。たとえば処刑された米国人のジャーナリスト、ジェームズ・フォーリーさんは、スパイ容疑を掛けられていません。そもそも、彼はイスラム国が捕まえたのですらありません。ある武装勢力にいっぺん捕まり、そこからイスラム国に「売られた」と聞いています。金で買った人質で、奴隷売買のようなものです。何の非も罪もない人間を殺してしまっているわけです。

――フォーリーさんの場合は、イスラム国への米国の攻撃を抗議・牽制するために処刑したと考えていいのでしょうか。湯川さんはどういう容疑をかけられているのでしょうか。

常岡　フォーリーさんについては、そう思います。湯川さんはスパイの容疑を掛けられた囚人、容疑者になっていると聞きました。

――常岡さんたちは、湯川さんの裁判の審理のためによばれたわけです。わざわざそこまでの労を取るという湯川さんの扱いは、米国人などとはかなり違うように思います。

常岡　そうです。米国人に対して裁判が行われたという話は聞いていません。もし裁判を行えば、フォーリー氏などは、イスラム国で罪に当たる行為はまったくしていないわけですから、解放されてしかるべきです。しかし、問答無用で首を切られました。湯川さんの場合、それと違う扱いを受けていたようです。オマル司令官は、「裁判が行われるでしょう」「もし無罪になった場合、そのときはあなた方のヌスラです」と言いました。「ヌスラ」には、「勝利」あるいは「神様の恵み」といった意味があります。「あなた方の勝利です。そのまま連れて帰ってもらいます」という言い方もしていました。

実際に会って湯川さんの生存を確認できませんでしたが、緊急の危険があるわけでなく、また、イスラム国側は彼について身代金を要求したり、見せしめの殺害はしないと明言していたのです。私は今年（二〇一五年）一月にインターネット上に流れた身代金要求と殺害予告の映像を見て、「はじめに」でも書きましたが、二〇一四年九月末の帰国後、家宅捜索を受けたことで連絡ができなくなったこの三ヵ月の間に状況が大きく変わってしまったことに驚いています。

イスラム国の軍隊――武器と兵士・義勇兵

――軍事的に勢力を拡大しているイスラム国ですが、その軍隊について聞きたいと思います。まず、兵士は、どんな格好をしているのでしょうか。

常岡　制服はありませんし、まったく統一されていません。どこからみつけてきたのか、迷彩服を来ている者もいるし、持っている武器も、カラシニコフ一挺の人もいるし、カラシニコフのバージョンも、突撃銃スタイルもあれば、スナイパーライフルもあって、それぞれです。カラシニコフ以外は、RPG（対戦車擲弾発射器）がありました。また、軽機関銃も見ました。トラックの荷台に据え付けて、空を狙えるようにしたものです。

帽子をかぶっている者もいれば、覆面にも帽子にもなる黒い布をかぶっている者、タリバンみたいな黒いターバンを巻いている者もいて、ファッションもさまざまでした。ヘルメットは一人もいませんでした。

――先ほどイスラム国が制圧した空軍基地をみたという話がありました。イスラム国にはパイロットがいないから、ミグ戦闘機を手に入れても使えないでしょう。

常岡　そうです。アサド政権軍の最大の強みは空軍力で、制空権は完全に政権側がとっています。戦車はありました。トレーラーに載せて運ばれていくのを見ましたし、高速道路で、向こうから来る戦車とすれ違ったこともありました。

ほかには、ユーフラテス川のダムの脇を通ったとき、米軍の使っているハンヴィーという軍用ジープが止まっているのを見かけました。軍用車両としては、ピックアップトラックが広く使われていました。多くは日本製で兵士や武器の運搬用として重宝がられていました。

私たちは、義勇兵志願者たちといっしょにシリアに入りましたが、米国は八〇ヵ国以上から一万五〇〇〇人の義勇兵がイスラム国に入っているといいます。確かに実感としても志願者たちは多く、とにかく銃を持っている人たちは、外国人が大半という状態でした。イスラム国は外国人主体の組織といっていいと思います。

イラク側に行くと、事情が違い、イラク人がいっぱいいるのかもしれませんが、少なくとも、私がみたシリア側のイスラム国では外国人義勇兵が兵士の主力でした。

義勇兵についていては、後でくわしく触れますが、じつは、イスラム国以外の武装勢力、たとえばイスラム色が薄いといわれる「自由シリア軍」にも外国人がたくさん参加しています。もっというと、政府軍のほうにはアサド体制を支持するイランの革命防衛隊やヒズボラなどの傭兵がついていて、戦場では多国籍の兵士たちが敵味方にわかれて戦っている現実があります。

――イスラム国の兵士の給料はどうなのでしょうか。

常岡　これは情報が錯綜していてよくわかりません。中田さん自身が、二〇一四年三月にイスラム国に行ったとき、「シリア側のイスラム国の兵士の給料は月五〇ドル、家族がいる人は一〇〇ドル」と聞いたそうです。

ただ別な情報では五〇〇ドルぐらいもらえるとも聞いています。

五〇〇ドルと五〇ドルでは一〇倍違うので、どちらが本当かわかりません。ただ、外国人義勇兵は、家族をよびよせていますが、月に一〇〇ドルでは物価の安いインドでもきつい。もっともらっているのではないかと思います。

――報道によると、二〇一四年九月二三日の米国のシリア空爆開始以降、外国からイスラム国をめざす義勇兵志願者は急増しているようです。

また、シリア北部のクルド人居住地域アイン・アル・アラブ（クルド名・コバニ）という要衝にイスラム国が猛攻をかけていて陥落寸前ともいわれています。軍事的には今後も強大化していくのでしょうか。

常岡　イスラム国の軍隊は強いと報じられていますが、それには大きな誤解があると思います。私は、イスラム国は軍隊としてはまったく強くない、むしろ弱いと思っています。

空爆で見えたイスラム国の弱点

常岡　先ほど、湯川さんと会えなかった顛末を話しましたが、ラッカ空爆で混乱がありました。私はそこに、イスラム国の大きなウィークポイントを見たような気がします。イスラム国がそれほど強い軍隊ではないと思う理由はいくつかありますが、その一つは、通信・連絡システムの劣悪さです。

空爆の後、オマル司令官は、上官と連絡できなくなっていました。幹部同士の連絡が無線機しかなかった。無線機というのは、一つの回線をみんなで使うわけですから、つねにパンク状態になっているようでした。サインコールというか、「応答願います、応答願います」というようなことをさかんにやっていましたが、応答がまったく返ってこない。これは機能していないと思いました。

また携帯電話も使えません。シリアには、MTN（シリア）という電話会社がありますが、ラッカほかイスラム国の支配地域では営業が禁止されています。至るところに携帯の基地局が立っているのに、電波はまったく飛んでいませんでした。

だれかに何かを伝えようとしたら、直接行くしかない。

ですから一般市民同士の通信手段はありません。国境地帯のテルアビヤドとか、ジャラブルスまで行くと、隣国のトルコから携帯電波がこぼれて入ってきます。これは、トルコがわざと国境地帯に電波を漏らしているようなのです。その地域に行くと、トルコの携帯で通話ができ、インターネットもつながります。イスラム国の幹部もときどきそれを利用していました。

――インターネット事情はどうなっていますか。

常岡　イスラム国全域でローカル・インターネット・プロバイダーを全部禁止しています。これは愚かな政策だと思います。残っているのが衛星につながるインターネットシステムで、それを使えるインターネットカフェがラッカに数ヵ所あります。いままではローカル・プロバイダーのインターネットカフェがいっぱいありましたが、それをすべてつぶして、何ヵ所か、衛星インターネットだけのカフェが残っています。

イスラム国は、公式のツイッターやフェイスブックは持っていません。ただ、オマル司令官自身は、フェイススブックが大好きです。彼の自宅は国境に近く、トルコのインターネットの回線を使っていました。

――通信というのは軍事的にも重要ですし、この時代に通信に重きを置かなければ、統治機構としても成り立たないと思いますが。

常岡　そうなのですが、イスラム国の中枢は、現代の情報技術の重要さがまったくわかっていない。私はプロバイダーを禁止した理由をオマル司令官に聞きましたが、彼は「スパイに利用されるから」だと説明しました。

――「スパイ」を警戒してプロバイダーを止めるというところまで行くとなると、疑心暗鬼で内部からおかしくなっていくのではないでしょうか。

常岡　「スパイ、スパイ」とさかんにいう組織は、内ゲバを始めるだろうと私も思います。だからといってイスラム国は簡単にはつぶれないでしょう。ましてや空爆でやっつけることはできません。ここは米国は大きな誤解をしているところです。

情報の意味をわかっていない指導部

――イスラム国はいまだに謎に包まれた集団です。内部からの情報が出てこなかったからですが、やはり取材自体が難しいのでしょうか。

常岡　そもそもが、私たちはイスラム国の司令官に招かれて入っています。自由行動が許されているわけではありません。どこの撮影が大丈夫で、どこがまずいのかがわからず、許されたとき以外撮影しないことを原則に、どさくさに紛れ、バスの中からこっそり撮影もしましたが、苦労しました。

――撮影をためらったのは、この集団は取材をいやがるだろうと思ったからですか。

常岡　許可なしに撮影をすれば、明らかにまずいことになるという雰囲気でした。どこまでおおっぴらに撮っていいのかとつねに考えながらカメラを回していました。

――案内人はいつも付いていましたか。

常岡　ラッカに行くときは、義勇兵のバスで連れていかれ、その運転手が案内人のようなものでした。ラッカに着いてからは、まず移民局の職員に待たされ、オマル司令官のスタッフがやってきて、司令官のところに連れて行ってくれました。そのあとはオマル司令官自身が私たちの案内人になりました。つねにだれかにアテンドされていたことになります。

――取材を嫌がるというのはどういう理屈なのでしょうか。

常岡　信用していないというのと、わかっていないという二つだと思います。まず、欧米のジャーナリストを信用していない。彼らはスパイではないかと疑う。もう一つは、メディアの意義がわかっていない。

カリフと宣言したバグダディの周辺は、イラクのサダム・フセインの残党で固められています。この人たちはツイッターもフェイスブックも使わない。公式ウェブサイトもない。とにかく秘密主義です。秘密を守っていれば、国家をつくることができると思い込んでいます。イスラム国というのは、民衆運動の側面がある一方で、その幹部たちはまったく民衆をばかにしている、そういうギャップがある体制です。

――オレンジ色の服を着せて首を切る、あの処刑映像を世界中に流しているところをみると、情報発信について一定の戦略があるのかと思ったのですが。

常岡　情報を出さないという方針は、かなり徹底しています。たとえば、カリフを名乗るバグダディの顔は、今までに一度しか出ていません。

バグダディの発言も、そのときに一度出ただけで、しかも、それはごく通り一遍のもので彼の考え方がわかる内容のものではありません。民衆や一般兵士は指導者がどんな人物か知らされないまま従わされています。

2

勢力拡大の謎

イスラム国の怒涛のような支配地拡張と義勇兵の増大は世界を震撼させている。いまやイラク、シリのそれぞれ三分の一を影響下に置いているとされ、さらに周辺に進撃を続けている。

イスラム国はどのように強大化してきたのか。この勢いの謎に迫る。

シリア北部ラッカで車に乗って行進するイスラム国メンバー［AFP＝時事］

政府軍基地攻撃の実態

――常岡さんはイスラム国の軍隊は強くないと言いますが、実際に軍事作戦に同行取材したそうですね。

常岡　二〇一四年九月はじめ、アレッポ県のクワイリス空軍基地への攻撃に、「ついてきてもよい」と言われ、エジプト人義勇兵部隊と一緒に合わせて五人ほどでピックアップトラックに乗って出発しました。

――政府軍は空軍力で押しまくっていると聞きます。空軍基地は厳しく防衛しているのでしょうか。

常岡　ところが攻撃といっても拍子抜けするような作戦でした。空軍基地からかなり離れたところに車（ピックアップトラック）を止めると迫撃砲を地面に据え、空軍基地と思われる方向に二発弾を撃っておしまいというものでした。

あとは、反撃を避けるためにみな急いで車（ピックアップトラック）に乗って、全速力で退散しました。

聞くと、もう何ヵ月も前から同じことを繰り返しているそうです。何の効果も上げていない。ルーティーンというか、「攻撃しているぞ」というアリバイづくりに見えました。

私の見聞だけでなく、ほかのジャーナリストの取材も加味して、私はイスラム国の部隊は決して強くないと思うようになりました。

たとえば、長年、クルド人地域を取材しているジャーナリストの玉本英子さんは、「戦闘のあとにイスラム国の戦闘員の死体が、ごろごろいっぱい転がっているので驚いた」といっています。彼女が取材したのはイラク北部のクルド人部隊とイスラム国部隊が正面から交戦した戦闘ですが、クルド人が圧倒的に強く、イスラム国側が大敗を喫していました。

また、フォトジャーナリストの久保田弘信さんは、イラクのクルド自治区の軍隊「ペシュメルガ」に従軍しました。激戦地となったシンジャル地域にイスラム国の兵士の死体があまりにもたくさん転がっていて、胸が痛んだと報告しています。

確かに米軍の空爆支援の影響もあるはずですが、空爆だけでイスラム国の勢いをおさえきれないことは、世界中のアナリストが認めています。実際にイスラム国の侵攻を抑え込んだケースは、陸上部隊が正面から迎え撃った場合に

クワイリス空軍基地にむけた迫撃砲に砲弾を装填する義勇兵

かぎられています。陸上部隊同士の戦いでは、イスラム国が負けるケースが多いようです。

「アラブの春」とシリア

――イスラム国の部隊が強くないとして、なぜ支配を拡大し続けてきたのか、その謎を解いていきたいと思います。まず、イスラム国はどのようにして出現したのでしょうか。

常岡　事態の時間的な流れからいうと、イスラム国の出現は「アラブの春*」の末路というか、帰結という面があると思います。

九・一一で、アルカーイダが突出した存在になりましたが、その後、極端に衰退します。衰退のきっかけが「アラブの春」です。二〇一〇年一二月、チュニジアでデモ、ストライキが燃え上がり、翌二〇一一年一月に政権が崩壊するとまたたく間に民衆運動がエジプト、リビア、イエメンへと飛び火していきました。

つまり、アルカーイダのように、自爆攻撃などの無謀で極端なことをしなくても、非暴力の民衆運動で世の中を変えられると多くの人が考えるようになりました。アルカーイダが、自爆攻撃で米国をあれだけ攻撃しても、イスラム教徒たちの状況は何一つよくならないという反省も出てきた。多くのイスラム団体も「アラブの春」の運動に献金をするようになります。

＊アラブの春…二〇一〇～二〇一二年に北アフリカ・中東のアラブ諸国で起きた民衆による大規模な民主化運動。チュニジアでは、二〇一〇年一二月にデモが発端で政権が打倒されたが（ジャスミン革命）、この動きはエジプト、リビア、イエメン、バーレーンなどに急速に広がっていった。エジプトでは、約三〇年にわたり政権を維持してきたムバラク大統領が辞任に追い込まれ、リビアではデモから武力衝突に発展しカダフィ政権が崩壊した。ところがその後、エジプトでは軍のクーデターで新政権が倒され、リビアでは国内の部族対立で内戦状態になるなど、問題が噴出。シリアではアサド政権が反政府運動を武力弾圧したところから内戦に突入し、国際問題になっている。

――ビン・ラディン＊が殺害されたのが、「アラブの春」の運動の真っ盛りの、二〇一一年五月だったことは象徴的です。

常岡　民衆の非暴力運動が、チュニジア、エジプト、リビアで独裁者を倒したという意味では成功しました。ところが、独裁がもっとも深刻なシリアで運動は行き詰まってしまったのです。

非暴力ではどうにもならなくなり、暴力に訴えるようになる。方向性としては民主主義を志向するのではなく、イスラム主義になる。そのイスラム主義組織も結局は、アルカーイダ系になる……。こうして、かつてビン・ラディンが勢いを持っていた状態に逆戻りになってしまった。さらに、そこをも通り越して、アルカーイダもあきれるほど極端な体質を持つイスラム国が最強になってしまった。これが今の状態だと私は理解しています。

振り返ると、シリアでの反アサド政権の動きは、二〇一一年一月下旬、一人の男性が抗議の焼身自殺をしたことから始まり、三月には主要都市で大規模デモが起きています。デモは拡大し、これをアサド政権は弾圧していきます。次第にデモ側も暴力化し、「内戦状態」だとの認識を、UNHCR（国連難民高等弁務官事務所）が二〇一一年一二月に、赤十字国際委員会が二〇一二年七月に示します。一方、アサド大統領は、これは内戦ではなく対テロ戦争だとして、二〇一二年六月には「真の戦争状態」だと公に表明します。

私は、フェイスブックの「シリアンレボリューション2011」（シリア革命2011）というアカウントをフォローしていました。そこには「何月何日何時にどこどこに集まりましょう。デモを行います」という告知があらわれます。

SNSをみていると、毎回「当局の妨害によってデモは不成功に終わりました」と流れてきます。デモを企画してはつぶされ、企画してはつぶされ、「何人逮捕されました」、そのうちに「行方不明が何名です」というのをずっとながしていました。

苦労がにじみでていましたが、当時注目を集めたのはどちらかといえば、リビアでした。リビアは血みどろの内戦状態になり、私は「シリアはリビアよりひどい独裁だから大統領を倒すのは無理だろう」と思いつつ、SNSの動きを見ていました。

＊ビン・ラディン…サウジアラビアの財閥の家系に生まれ、ソ連のアフガニスタン侵攻の後、米国などの援助を受けてソ連軍と戦うが、湾岸戦争のころから反米主義に傾き、「アルカーイダ」の指導者として、二〇〇一年の米同時多発テロ事件を指示したとされる。二〇一一年に潜伏先のパキスタンで米海軍特殊部隊により殺害された。

――シリアはリビアよりひどいというのはどういうことでしょうか。

常岡　一九八二年に「ハマの大虐殺」というのがありました。ハマというシリア第五の都市で、空爆と特殊部隊の投入により、知られているだけで一般市民二万人、一説では四万人の犠牲者を出しています。これは反アサドで蜂起した「ムスリム同胞団*」の支持者たちです。

「ムスリム同胞団」とは、二〇世紀前半、欧米列強が中東を分割して支配したことに対してエジプトで登場した独立・抵抗運動です。欧米の文明をそのまま受け入れたことに間違いがあったという反省にたち、本来、イスラム教徒は、すばらしいイスラム文明を築いてきたのだから、自分たちなりの近代化があるはずだというのが、彼らの理念です。中東各地に広がり、草の根的な慈善活動などで支持を広げました。

これに対して、アサド政権は、バアス党*という一党支配で、アラブ民族主義がベースの国家社会主義でした。世俗的な近代化路線です。イスラム主義の「ムスリム同胞団」は独裁的なアサド政権への最大の抵抗勢力でした。アサド政権は「ムスリム同胞団」をテロリストだとして徹底的に弾圧しました。

アサド政権は拷問もひどく、「ムスリム同胞団」系の人びとはみな刑務所の中だといわれています。暗殺もたくさんされています。

このハマの大虐殺で抵抗運動は沈静化し、表に出なくなります。治安もよくなり、表面的には何の「問題もない国」に見えるようになりました。

＊**ムスリム同胞団**…中東におけるスンニ派のイスラム主義政治組織。一九二八年にエジプトでハサン・バンナーが創設。「イスラムこそ解決」という標語をかかげ、草の根的な社会活動を展開する一方、世俗法ではなく、イスラーム法（シャリーア）によって統治されるイスラム国家の確立をめざし政治運動を展開する。つねに時の政権に抑圧されながら国境を越えて広がっていった。二〇一〇年以降の最高監督者はムハンマド・バディーウ。活動の中心は非宗教者である。

＊**バアス党**…アラブ復興社会党。シリア、イラクなどで活動する汎アラブ民族主義政党で、アラブの統一とアラブ社会主義を唱え、かつてのアラブの栄光を復活させることをめざす。運動は国境を越えて拡大し、一九七〇年にシリアでアサド政権が、一九七九年にイラクでフセイン政権が誕生した。政権党としてのバアス党は、権威主義体制を維持するための道具となった。

――私は二〇〇五年、ハマに古代からある水車をテーマにテレビ番組を制作しました。その取材から帰ってきたスタッフはみな、「シリアはいい国だ。すばらしい」というのです。

常岡　あくまで、平和に見えるようになっただけでした。秘密警察があり、少しでも政府に反対する人はひそかに捕え、刑務所に送っていました。フォトジャーナリストの広河隆一さんも、シリアの秘密警察に捕まり、もう一歩で殺されるところだったという体験をしています。

市民たちはなぜ銃を取ったか――「自由シリア軍」の登場

――「アラブの春」、民衆が非暴力で政治を変える運動がうまくいかなくなった段階で、暴力的な運動、武装闘争になっていく。こういう理解でいいですか。

常岡　シリアの内戦の経緯を見ていると、「非暴力がだめだから、銃を取る」というよりは、そうならざるをえなかった。最初は、平和的にデモをやっていたのです。そこにひどい弾圧が来る。次々に捕まり、拷問される、デモに銃弾が撃ち込まれ、たくさん犠牲者が出る。民衆の側もだんだんとやむにやまれず銃を取る方向に移行していきました。虐殺がずっと続いているなかで「非暴力か、武装闘争か」の選択肢があって後者を選んだのではないと思います。

かつては平和的なことをしていた人たちが、「自由シリア軍」に入り、ほかの武装勢力に合流し、一部はイスラム国に参加していくという現象が起こっているわけです。

こうした事態になってしまったのは、直接的にはアサド大統領の弾圧ですが、それを可能にした国際的な要因が問題だと思います。米国は、最初はシリアの弾圧、虐殺を非難していましたが、いっさい実効ある手を打たなかった。その結末がこれだと思います。

はじめは「自由シリア軍」が反政府勢力の代表格でした。創始者は、元シリア政府軍の大佐だった（リヤード・アル・）アスアド大佐です。組織の最初の核になったのは、デモを起こした青年たち、それに「ムスリム同胞団」の地下活動家たち、そしてアサド政権の軍隊を離反した軍人たちが加わりました。

「自由シリア軍」という名称ですが、「アラブの春」で立ち上がった各国の民衆も、私が取材してきたロシアのチェチェン人も、「自由、自由」といい続けます。独裁のもとで立ち上がる合言葉は「自由」です。


――「自由」であって「民主」ではないのですね。中東問題の研究者である酒井啓子さん（千葉大学教授）も、欧米は、二〇一一年からの「アラブの春」を民主主義のための闘いだと見るが、それは違うと言っています。イラクに民主主義を導入したとする米国は、「アラブの春」が起きるとイラク戦争に刺激を受けて、ほかのアラブ諸国も民主化に立ち上がったというが、むしろイラク戦争によって反米デモがアラブ諸国で起きて、その経験が「アラブの春」の大衆動員につながった、と。イラク戦争は反面教師であって、外国からの押しつけではなく、自分たちの力で政権を倒すのだという意思のあらわれだったというのです。

そして、この「アラブの春」は東欧やソ連など共産圏で起きた「民主化革命」とは違い、長期政権に反旗を翻し、人としての誇り、権利を取り戻すことが目的だったと酒井さんは指摘しています。

常岡　独裁者の政権下で苦しんでいる人たちの感じ方としては、民主主義がどうかではなく、とにかく自由になりたい。拷問され、殺され、何も自由に発言できない状況に対する切実な気持ちとしてわかります。

「自由シリア軍」は市民に人気がありましたし、勢いもありました。一時期は、シリアの国土の七割ぐらいを解放し、もう少しで全土解放か、という雰囲気さえありました。

――二〇一二年の安田純平さんの取材した映像をみると、アサド政権軍から離反した兵士が、「もう俺は政府軍には戻らない」といいながら、兵隊の身分証明書を目の前で燃やすという印象的なシーンがありました。このようにして、武器を持ったまま、「自由シリア軍」に合流する政府軍兵士が続出したと聞いています。また安田さんの取材で、「自由シリア軍」は全土をまとめ上げる統一組織ではなく、それぞれの町単位で勝手連みたいにできた、寄せ集め部隊だということを知りました。

ある町の「自由シリア軍」と隣町の「自由シリア軍」は、参加者の構成も違うし、緊密な連携も取れていない。負傷者をトルコまでリレーしながら搬送するようなときには協力するが、きちんとした共同作戦を組むことがない。全国的に一つの司令部があるような運動ではなかったそうです。

常岡　そうです。町ごと、そして、地域に根づいた運動という側面と同時に国際的な連帯もありました。地元の若者が次つぎに参加する一方、外国からの義勇兵も次つぎに入ってきました。安田さんはリビア人グループに会っています。「自由シリア軍」という緩い大きな傘の中にさまざまな人たちが集合していました。

「自由シリア軍」の弱体化

――その勢いのあった「自由シリア軍」はその後、どうなりましたか。

常岡　だんだんと弱体化します。内部からも外部からも追い詰められていきました。

まず、欧米を中心に「自由シリア軍」を支援しようという動きがありました。そこで、シリアに基盤のない、外国に亡命したロビイストたちが、「シリア国民連合」という組織をつくりました。これがシリアの正統政府であると名乗り、支援の受け皿になりました。「自由シリア軍」の上部団体になったのですが、「シリア国民連合」はシリア国内での戦闘の実情をまったく理解していない。さらに、支援資金がその国民連合のところで消えてしまい現場まで届かないといわれています。

――私はイラク戦争直前、ロンドンに亡命しているイラク人たちを取材しましたが、とてもよく似ています。外国に安全に暮らしている、イラク国内の状況をほとんど知らない人たちが、ロビー活動と支援の受け皿となる団体をつくり、民主主義を掲げて活動していました。欧米から資金をもらうためにつるんでいるという印象でした。この「シリア国民連合」の本拠地はどこですか。

常岡　カタールです。カタールが拠点になっていますが、メンバーはイスタンブールにいるほうが多いようです。シリアで実際に戦ってきた人たちは一人も参加していない、外国でロビー活動だけ行う人たちの団体です。そして、腐敗がひどい。スキャンダルも起きました。支援をそういう人たちが全部かすめ取って、残りの「かす」のようなものも、腐敗した連中に持っていかれてしまう。
「自由シリア軍」が、欧米からの支援がなく、資金に困り、住民から税金を徴収したことがありました。当然、「内戦で全財産を失っている人たちに金を要求するとは何事だ」と非難轟々で、「自由シリア軍」に反対するデモまで起きるようになりました。

――長年、きちんとした組織を運営したことがなかった人たちが、寄りあい所帯で武装闘争を続けたときに、さまざまな問題が起こるというのは、わかる気がします。

常岡　支援のない「自由シリア軍」に政府軍が襲いかかって、坂を転がるように押されて、今は、ダマスカス周辺と、レバノン国境方面はほとんどアサド政権軍に取られました。その取られ方は、こうです。「自由シリア軍」が支配する町が包囲され、食糧を含む生活必需品が入らず、海外からの支援もまったくこない。そこに制空権を持つ政府軍は上から次つぎと爆弾を落としていく。するとその地域は悲惨な飢餓地獄に陥ります。ついに、いくつかの町では、アサド政権と交渉し、明け渡しました。
さらに、自由シリア軍には、マフィア、あるいは武器密輸人などが参加するようになり、ただの犯罪集団が、「自由シリア軍」を名乗るというケースまで出てきたようです。

「自由シリア軍」が衰退するに従い、反政府勢力側はアルカーイダ系を含むさまざまなイスラム主義勢力が中心になっていきました。そのなかで存在感を強めてきたのが、「ヌスラ戦線」を名乗るグループでした。

勃興する新勢力「ヌスラ戦線」

常岡――この「ヌスラ戦線」は、メディアで、『じつは、私たちはアルカーイダだ』と認めた」といって大きいニュースになりましたが、ニュースになる前から、本人たちはアルカーイダであることを明らかにしていました。

はじめは世俗的な人が多いシリアでは、「ヌスラ戦線」は嫌われもしたし、警戒もされました。

彼らは最初は、イラクから入ってきた人たちを核にし、そこに外国人とシリア人の支持者が集まって出てきたといわれています。しばらく、よそ者扱いをされていましたが、「自由シリア軍」が腐敗などにより、おかしくなり、住民から批判されるようになった。それに対して、「ヌスラ戦線」の人気が急上昇します。

アルカーイダ系が人気を博するというのは、私たちからすれば理解しがたいかもしれませんが、堕落した「自由シリア軍」に対して「ヌスラ戦線」は、パンや日用品を市民に安く提供していた。しかも、やたらイスラム的にまじめな面もあり、泥棒もやらないばかりか、むしろ泥棒を取り締まってくれた。女性にも礼儀正しいといって、人気が出ました。

また、人気のもう一つの理由は、士気が高かったことです。非常に勇敢で、「自由シリア軍」が逃げ去ったあとも踏みとどまってアサド軍を追い返すというケースがいくつもありました。勇気もあるし、優しくて、信仰心にあつくて、とにかくいいことずくめの評判になってしまいました。

じつは、私は「ヌスラ戦線」とは縁があり、内戦を取材しようと、いちばん最初にシリアにいったとき、トルコ国境を越えて迷い込んだのが「ヌスラ戦線」の支配地でした。兵士がやってきて「携帯電話を出せ」と。バッテリーを抜かれ、シムカードも抜かれて、「これを預かっておく」と。「これは怖いな」と思いましたが、最終的には返してくれました。

食事を出してくれて、「いっしょに礼拝しようか」などと親切でした。「われわれの理念はね……」といったことを私に語ってくれました。そんな姿に、まじめな印象を持ちました。

――アルカーイダ系というと恐ろしいイメージですが、そういう話を聞くと違ってきますね。

常岡　もともとシリアは世俗的な人たちが多く、「アルカーイダはとんでもない」といっていましたが、ちょっと見直したという感じになってきました。「自由シリア軍」から離反して「ヌスラ戦線」や別のイスラム主義のグループに入る人も出てきました。

――こう考えていいのでしょうか。「自由シリア軍」に集まっている人びとがいくつにも分裂する一方、外からは「自由シリア軍」の系列とは違う人たちが入ってきた。そして各々の地域にさまざまな抵抗勢力が活動している、と。

常岡　そうです。いまでは、反政府武装勢力に一〇〇とも二〇〇ともいわれる組織があるそうです。それらが連携して大きくグループ化したり、抗争しあったりもしているわけです。

政府軍との戦いでは、「ヌスラ戦線」やその他のイスラム勢力が、弱体化した「自由シリア軍」を助けて何とか支えているところも多いようです。

ところが「ヌスラ戦線」なしではやっていけない「自由シリア軍」に対して、外にいる「シリア国民連合」の人たちは、「アルカーイダとか、イスラム主義勢力とか、そうした組織はとんでもない、シリアは民主主義の国になるのだ。そうした勢力と組むのであれば支援しない」と言う。米国もそうです。ロビー活動や演説が得意で、援助を得るのを生きがいにしている人たちと、実際に銃弾が飛び交っているところで血を流している人たちの感覚が乖離しているわけです。
つまり、アサド政権の支配地以外のところで、さまざまな反政府勢力が、それぞれ支配地を持ちながら群雄割拠になっています。アサド政権はシリア全土の三割しか支配していないといわれながら、主要都市はすべて押さえ、田舎の小さい町や村を反体制派が押さえている状況です。大都市で、反体制派が押さえているのは、唯一、ラッカだけでした。そのラッカが、今はイスラム国に占領されて、首都として扱われているわけです。

イスラム国のルーツ——「イラクの聖戦アルカーイダ機構」から「イラク・イスラム国」へ

——イスラム国とはもともとどういう出自なのですか。

常岡　米国がイラクに攻め込んできたあと、イラクに現れたアルカーイダ系組織の一つで「イラクの聖戦アルカーイダ機構」というのが直接のルーツです。
その指導者が（アブ・ムサブ・）ザルカウィ*という人物です。「イラクの聖戦アルカーイダ機構」はアルカーイダ系のなかでもとくに過激で知られるようになりました。二〇〇四年に、イラクを旅行していた日本人の香田《こうだ》証生《しょうせい》*さんを捕え、斬首刑にしたのが、この組織です。

「イラクの聖戦アルカーイダ機構」は、自衛隊をイラクから撤退させろと要求しました。当時の小泉首相が拒否するとすぐに、香田証生さんが星条旗の上で殺されるという、かなりショッキングな事件でした。

二〇〇四年は、香田さんの前に、高遠菜穂子さんや安田純平さんなどが反米武装グループに拉致されています。捕まった彼らは日本国内で、「戦争やっているところに行って、みんなに迷惑かけるとは何ごとだ」とひどいバッシングを受けましたが、彼らを拉致した武装グループと、香田さんを拉致したグループとは違います。高遠さんたちを誘拐したのは、「サラヤ・ムジャヒディン」を名乗るファルージャ近郊のスンニ派の地元民集団のようです。安田さんたちを誘拐したのは、やはり地元のグループのようです。

これに対して、香田さんを拉致し、殺害した「イラクの聖戦アルカーイダ機構」は、外国から入って来たアルカーイダ系の義勇兵グループで、ザルカウィ本人はヨルダン人です。

＊**ザルカウィ**…アルカーイダの一組織のリーダーで、米国から二五〇〇万ドルの懸賞金を掛けられていた。一九六六年、ヨルダン生まれ。一九八九年、ソ連の侵攻に対するムジャヒディン(アラブ義勇兵)としてアフガニスタンにわたった。後に、反ユダヤとヨルダンにおけるイスラム国家の樹立を掲げるイスラム急進主義組織「タウヒードとジハード集団」を立ち上げ、アルカーイダに接近した。二〇〇一年の米国のアフガニスタン攻撃の際に負傷し、イラクに逃れた。

〇三年にフセイン政権が倒れると、イラクではザルカウィが引き起こしたとされるテロが続発し始めた。〇六年六月、米軍の爆撃で死亡した。イスラム国は、ザルカウィの創設したこの組織を母体にして成立した。

＊**香田証生**…イラクで、アルカーイダ系組織によって殺害された日本人。二〇〇四年一〇月二七日午前二時、アルカーイダ幹部とされるザルカウィが指導するイスラム武装組織「イラクの聖戦アルカーイダ組織」が、インターネットで日本人青年を人質にしたと犯行声明を出し、日本政府が四八時間以内に、イラクからの自衛隊撤退に応じなければ殺害すると脅迫。日本政府はこの要求を拒否、香田さんはグループにナイフによって首を切断され殺害された。一一月二日には犯行グループが犯行声明とともに、青年を星条旗の上で殺害する場面をネット上で動画配信した。

――当時のイラクでは、武装グループのなかにいくつもの派閥があったわけですが、そのなかで、アルカーイダ系グループは現地でどのように見られていたのですか。

常岡　自爆攻撃や斬首したり、無謀なことをやるので、地元民には非常に嫌われているといわれていました。イラク人は長年世俗的な生活をしてきた人たちで、アルカーイダに共鳴する人はほとんどいませんでした。

二〇〇六年、米軍とイラク政府がスンニ派の地元の部族の人たちに働き掛け、資金を出して、サフワート（覚醒評議会）*という自警団のようなものをつくらせました。彼ら自身はもともとアルカーイダが大嫌いなので、この自警団がアルカーイダを攻撃してたくさんの村から追い払ってしまいました。

同時に米軍もアルカーイダ系組織への掃討作戦を強化しました。その結果、アルカーイダ系は非常に弱体化したようです。

＊**サフワート（覚醒評議会）**…イラクのスンニ派部族の自警団。イラク戦争後、反政府・反米感情がスンニ派の地域で高まっていた。イラク政府と米軍が、勢力を拡大するアルカーイダ系武装組織に対抗するため、各地の地元部族を取り込んで覚醒評議会を組織した。

――いまイスラム国カリフになっている（アブ・バクル・アル・）バグダディは、「イラクの聖戦アルカーイダ機構」にいたのですか。

常岡　そうです。二〇〇六年、「イラクの聖戦アルカーイダ機構」の指導者のザルカウィは、米軍の空爆で殺されます。その後釜になったのがバグダディで、組織の名前を「イラク・イスラム国」に変えました。

バグダディが指導していた時期、二〇〇九年一〇月と一二月に、首都バグダッドで大規模な自爆攻撃をやりました。報道によれば、二日合計の死者二八二人、一一六九人が負傷というすさまじいものです。こういうテロ事件で「イラク・イスラム国」の名は知られるようになりますが、組織的には弱体化の傾向にありました。

イラクからシリアへ――ISISの結成

――「イラク・イスラム国」が追い詰められ、弱体化が続いたということですが、復活はいつからですか。

常岡　シリアの内戦が始まってからです。アブ・バクル・バクダディの右腕にアブー・ムハンマド・ジャウラーニーという人物がいました。ジャウラーニーは、もともとシリア人で、シリアに帰国して、新たな組織を立ち上げます。それが、先に出てきた「ヌスラ戦線」です。彼らはアルカーイダのシリア支部であると名乗るようになりました。

はじめ、シリアには、アルカーイダ系の存在はありませんでした。実際、安田純平さんがシリア中部のラスタンなどを取材して、「アルカーイダ系なんかまったくいない」と言っていました。

それが、ついにアルカーイダ系組織が出現したと騒がれたのですが、先ほど話したように

「じつは、いいやつだ」という評判になりました。

英国BBCがこの「ヌスラ戦線」をほめたたえるような記事を書いたりして、評判があがりました。「自由シリア軍」の腐敗が深刻になっていたタイミングでもありました。

「ヌスラ戦線」は、「イラク・イスラム国」がイラクで嫌われたのとは大違いで、シリアで民衆に受け入れられ、力をつけました。

――自由シリア軍が力を失うのに反比例するようなかたちで、ほかの、よりイスラム主義的な思想を持ったグループ、とりわけ「ヌスラ戦線」が伸びてくるという構図になりますか。

常岡　そうです。「ヌスラ戦線」が人気になり、国民の支持も受け、さらに、さまざまな国がひそかに支援をしました。トルコも支援をしていた形跡があります。「ヌスラ戦線」が、「自由シリア軍」よりも国民から信頼され、勢力としても大きくなりました。

「ヌスラ戦線」の成功を見た「イラク・イスラム国」のバグダディは、二〇一三年四月、突然「それはもともと私たちの下部組織だから」といって、「ヌスラ戦線」を再統合して、「イラク・シャーム・イスラム国」（ＩＳＩＳ）とする、と宣言したのです。

これに反発したのが、「ヌスラ戦線」のリーダー、ジャウラーニーで、即座に再統合を拒否しました。ジャウラーニーと彼に同調するメンバーは、「私たちはヌスラ戦線のままでいく」

として、バグダディと袂を分かちます。

こうして、シリアでは「ヌスラ戦線」が、そのまま「ヌスラ戦線」として活動する人とISISの看板を掲げる人と二つに分裂するかたちになりました。

二つの国に勢力を持ち、自由に行き来できることは、ISISが軍事的に力をのばすうえでまたとない好条件を提供しました。

「ヌスラ戦線」の分裂

――「ヌスラ戦線」が、ジャウラーニーについていくか、ISISのバグダディについていくかで分裂しますが、個々のメンバーはどういう基準で行動を決めたのでしょうか。

常岡　ほとんどのメンバーは、理念がどうこうではなく、シリア人は「ヌスラ戦線」側に残って、外国人グループはISISにいくという感じだったようです。

中田さんは、「ヌスラ戦線」のエジプト人グループと付き合いがあり、分裂の真っ最中に彼らと話す機会がありました。どうするのかたずねると、「私たちは外国人だから、とりあえずISISのほうにいくことにしました」という連絡が来たそうです。

この時点でも「ヌスラ戦線」とＩＳＩＳの事務所は隣同士だったり、行き来も普通にあったり、仲よくしていました。形式として分裂しただけに見えたのです。

しかし、そのうち対立が激しくなっていきます。まず、バグダディは、ジャウラーニーを、「私に忠誠を誓っていたはずなのに裏切った、彼は裏切り者だ」と非難しました。ジャウラーニーは、「いや、私はそもそもアルカーイダの一派としての『イラク・イスラム国』にいたので、私が忠誠を誓ったのはアルカーイダのトップである、パキスタンに潜伏中のザワヒリだ」と反論し、正当性を主張しました。そこに、アルカーイダの指導者であるザワヒリが乗り出し、『ヌスラ戦線』はシリアのアルカーイダとして活動を続けなさい。ＩＳＩＳはイラクに戻りなさい」という命令を出しました。

これに対してバグダディのＩＳＩＳは、「国民国家を否定するのがアルカーイダの理念なのに、国籍主義ではないか」と批判しました。さらにバグダディは、「じつは、私は、ザワヒリには忠誠を誓っていない」とまでいいました。

ザワヒリ側は、「もう破門だ。あいつらとは何の関係もない」といい返し、「『ヌスラ戦線』が正しいアルカーイダの支部だ」とお墨付きを与えました。そこで両者は決定的に断絶します。そのあと、支配地をめぐって、「ヌスラ戦線」が支配するのか、ＩＳＩＳが支配するのか、とくに資金源となる油田がある地域などで小競り合いが起こり始めました。大体はＩＳＩＳ側からの攻撃でした。

「ヌスラ戦線」側は必要最小限の防衛で耐えていましたが、二ヵ月ぐらいあとに、ジャウラーニーが動きました。アルカーイダのイデオローグとして有名なアブカタダというイスラム法学者が、ＩＳＩＳを批判する声明を出したのを受け、ジャウラーニーが「ＩＳＩＳは反イスラムであって、われわれの敵だ」として、対ＩＳＩＳのジハードを宣言しました。こうしてきのうまでの同志だった両者の全面戦争が始まり、もうアサド政権打倒どころでなくなってしまうのです。

イスラム国設立とカリフ宣言

――血みどろの抗争のなかから誕生したＩＳＩＳ＝イスラム国ですが、その後、急成長を遂げます。

常岡　現在までのイスラム国に関する出来事を表にしてみました（二〇一ページ）。

まず、ＩＳＩＳは、シリアでラッカを占拠することに成功します。そのときに手に入れた戦車を使って、チェチェン人の司令官の部隊が、ハマの近くにあるアサド政権軍の基地を攻略しました。次にシリアで強化された軍事力をイラクに持ち帰って大攻勢に出ます。その勢いはすさまじく、みるみる版図を広げ、ファルージャに続いてイラク第二の都市モスルをまたたく間に攻略してしまいます。

　モスルを取ったことで、武器も資金も大量に調達でき、また多くの油田を支配下におさめて財政的な基盤を築きました。そして、二〇一四年六月二九日、ＩＳＩＳはイスラム国樹立を宣言するとともに、バグダディが預言者ムハンマドの後継者である「カリフ」の地位に就いたと発表しました。

　このイスラム国ですが、イラク側では、国土の三分の一ぐらいを支配していると見られています。主にスンニ派の多い北部です。シリア側も北部を中心に三分の一近い面積の地域です。

　このイスラム国が堂々と「国」と名乗れたのは、モスルを取ったからでした。モスルには米国軍がイラクに提供した装甲車や戦車があり、空港には――運用できていないという話もありますが――ブラックホーク戦闘ヘリコプターまであり、それらが戦利品になった。

　資金面では、銀行から多額の現金を奪い取ったともいわれていますが、イスラム国側は、紙幣はそのままにして、奪っていないと主張しており、どちらが正しいかわかりません。ただ、占領してすぐ、パンを配ったとか、ガソリンをかなりの安価で提供したという情報があります。しかし、そのあとで、多数の住民を処刑し、恐怖に駆られた市民の一斉脱出が始まりました。

　サダム・フセインの故郷、ティクリートも攻略しました。ティクリートから首都バグダッドまでもうかがう情勢になったので、国際社会が深刻な脅威をいだくようになりました。

イスラム国の強さの秘密

――先ほど、常岡さんは、二つの国に勢力を張って、自由に行き来できることは重要だと言いましたね。

常岡　ＩＳＩＳ＝イスラム国は、二つの国に支配地をもつことで勢力を拡大することができました。イラクで完全に弱体化していたのが、シリアの状況を利用して力をつけて、今度はそのつけた力でイラクに戻ってモスルを攻略し、さらに強大化しました。

今回、シリア国内で、モスル大学のバスが走っているのを見ました。イラクで奪った戦車や武器をシリアに回して使うこともできます。またシリアで敵軍に攻撃されたとき、イラクに逃げ込めば、敵は国境を越えて追撃してきません。二つの国にまたがって支配地を持つことは軍事的に非常に有利です。

――常岡さんは、イスラム国の戦闘力は決して強くないといいましたが、次つぎと占領地を広げ、

勢いがついている。これはどうしてなのですか。

常岡　戦うと弱いのですが、正面から戦わずに町をかすめ取っていくのです。イスラム国指導部にサダム・フセインの残党、イラクの軍人たちがいますが、彼らが巧みなのだと思います。

たとえば、「自由シリア軍」が、ある町からアサド政権の軍隊を追い払い、戦渦を逃れていた住民が戻ってくる。「もう平和だから、兵士はここに要らない」と、部隊は、みなアサド政権との戦いに向かいます。するとそこにイスラム国がいきなり入ってきて、「ここはイスラム国である。従わない者は容赦しない、殺す」とやるのです。

どの反政府勢力も、最前線に最強の部隊を配置し、アサド政権と戦っています。平和になり、兵力が手薄になる町をイスラム国が占領してしまう。

イスラム国はアサド政権とまともに戦っていない。イスラム国の戦争のやり方は反政府側の隙を突いて領土を次つぎと拡大していくというものです。

反政府勢力は、たまったものではない。アサド政権軍だけでなく、イスラム国とも戦うとなると、二正面作戦になります。前線から兵力を割いて、背後にも回すことになります。政府軍に向ける戦力が落ちてしまいます。そんな事情もあり、反政府勢力はいま、アサド政権軍との戦いで不利を強いられ、劣勢に陥っています。政府軍は支配地を取り戻しつつあります。

イスラム国は、はじめから「漁夫の利」狙い。しかも主に狙うのは、アサド政権側の支配地ではなくて、反政府側の支配地です。卑怯なことばかりしています。だから反政府勢力からは、イスラム国とアサドは協力しているとまでいわれます。

もちろんイスラム国は、アサド政権にとってダメージになることもしています。守りが手薄な石油精製施設に入り、職員を処刑して占領するなどの作戦を繰り返しています。

ただ実態として、イスラム国がアサド政権の部隊とぶつかる機会はかなり少ない。これは事実です。イスラム国は、ほとんどの支配地をほかの反政府勢力から奪っています。

イスラム国の狙いとは

――こうしたイスラム国の行動は、どういう発想に基づいているのでしょうか。

常岡 アサド政権と戦い、打倒するのが目的ではなく、自分たちの「国」をつくる、支配地を広げることをめざしているのだと思います。とにかく、「国」の面積を広げたい。

シリアでは反政府側は国土の七割を解放しましたから面積が大きい。それに反政府側のほうが、武器も少ないし、イスラム国としては狙うのに好都合です。

一方、イラクでは、政府軍とクルド勢力がほとんどの国土を支配していますから、そこから奪い取るしかない。イラクでは油田が重要なターゲットです。

――イスラム国は財源が豊かだと聞きます。

常岡　財源の確保を露骨にめざすことも、イスラム国の特徴の一つです。軍事的に政府側を叩くのではなく、ひたすら油田を占領しようとします。これも「国」をつくるための資金を得ようということだと思います。

――直近のニュースで、イスラム国が、トルコ国境に近い、アル・アイン・アラブ（コバニ）のクルド人居住地区に猛攻をかけて、大量に避難民が出ているようですね。クルド人への攻撃が目立ちますが、これはどうしてですか。

常岡　これも、財源の確保が大きな目的で、国境を取りたいのだと思います。アル・アイン・アラブはトルコとの重要な国境ポイントです。国境部分をできるだけ広く占領し、人の移動や密貿易、物資補給のルートを確保したいのでしょう。

私が二〇一三年秋にシリアに入ったとき、トルコから、国境の川を渡ってシリアのイドリブ県に入りましたが、その川では、ポリタンクに詰めた石油を次つぎと密輸出していました。たくさんのポリタンクをロープで数珠つなぎにし、川の向こうへと引っ張っていきました。一回では大した量にはならないでしょうが、占領したあらゆるところでそれをやっているのでしょう。

――クルド民族を攻める理由は、イスラム国の教義やイデオロギーにもありますか。

常岡｜クルド人は、シリアでもイラクでも国境地帯に多く住んでいます。また、イラクのクルド人居住区は油田の多い場所でもありますから、どうしてもクルドがターゲットになるのだと思います。それと、もう一つ、このあとお話ししますが、クルド民族はイスラム国の中枢にいる勢力にとって、宿敵というべき存在だという理由もあります。いずれにしても、教義とは関係がないと思います。

――イスラム国といえば処刑のイメージがあります。なぜ、簡単に多くの人を処刑するのですか。

常岡｜イスラムの教義上の問題よりも、恐怖を与えるためだと思います。殺すのは異教徒とはかぎらない。私は、サダム・フセインのコピーキャット（模倣犯）だと思います。

イスラム国の指導部にはサダム・フセインの残党がいます。サダムはひたすら国民を粛清して権力を維持しました。統治の手段としての恐怖政治であり、イスラム国の中枢は、バグダディ本人は何を考えているかわかりませんが、その周辺は、そもそもカリフ制の意義など考えてもいない人たちで、恐怖で支配する手段だけ知っている人たちだと思います。

モスル攻略のとき、こういうことがありました。イスラム国は一八〇〇人殺したと発表しました。ところが人権団体が、「それはうそだ」と、数が多すぎるといったのです。百数十人殺したのが真相のようだと。イスラム国は恐怖政治の手段として処刑をするから、実際よりもたくさん殺しているのだというのです。そういうアピールとして、処刑は支配の手段なのでしょう。

そして、サダム・フセインの政権の弾圧に一貫して抵抗した勢力がクルド人です。サダム政権は化学兵器まで使って、クルド人を徹底弾圧し、殺戮してきました。今、イスラム国が執拗にクルド人を攻撃しているのは、サダム政権時代からの連続性があるのではないかと思います。

——では、次章では、イスラム国がどのような「国づくり」をめざしているのか、その理念と常岡さんがみた実態から解明していきましょう。

3

理念と現実

イスラム国指導者バグダディとされる画像［AFP＝時事］

イスラム国は
これまでのイスラム過激派とどこが違うのか。
「カリフ制」の理念を打ち出したねらいとは何か。
彼らの主張と現実に行っている行為をみながら、
イスラム国がめざすものを解き明かす。

イスラム国という「国」

——イスラム国は「自由シリア軍」や「ヌスラ戦線」と並ぶ反政府勢力の一つとして登場したわけですが、イスラム国と「国」がついています。

常岡　イスラム国がほかのイスラム過激派と違うところは、「国をつくる」ということに徹底してこだわっていることだと思います。じつは、イスラム国はアサド政権と戦うことにも、米国と戦うことにも熱意がない。これまでのイスラム過激派といわれるグループとは目的が最初から違っているのだと思います。

支配地、「領土」という点だけをいえば、一定の面積を支配している他の武装勢力もあります。たとえば、アフガニスタンのタリバンは広大な支配地域を持っています。アルシャバブというイスラム勢力も、ソマリア南部をかなり広く支配しています。しかし、イスラム国が、これらと違うのは、まず独自の財源を持っている。それから国家としての体裁をそれなりに確立しています。

たとえば、タリバンが支配地域を持っているといっても、カルザイ政権の病院、学校、行政システムはそのまま残しています。確立した自分たちの「国」とはいえない状態です。

それらに比べると、イスラム国は、行政システムらしいものを持っています。ただ、一方で、彼らが首都とよぶラッカの病院や学校には、いまもアサド政権から給料をもらいつづけている公務員や、学校の教師、医師がいるようです。まだシステムはまだら状のようです。

近代国家の三要素でいうと、領土、人民、権力はありますが、いずれも確固としたものではなく、流動的です。それに国際承認がありませんので、近代的な国民国家の定義には当てはまらない。

イスラム国は、世界中のイスラム教徒のための国だと世界にアピールしています。「イスラム教徒は、近代国民国家の人定法、人間が人間を縛るための法律にもとづく存在ではなくて、ただ、神の法、究極の自然法であるところのイスラム法にだけ従って生きていく存在である。カリフのいる国ができた以上、そこは、地球上のすべてのイスラム教徒の国である」という壮大な理念を掲げています。こうした考え方は、ほかのシリアのイスラム武装勢力とまったく同じです。違いは、実際にカリフを名乗ったことだけです。

カリフ制再興運動とは

——カリフ制とは、どのようなものでしょうか。

常岡　たとえば、ダライ・ラマはチベット仏教の法王で、観世音菩薩の生まれ変わりとされています。カトリックにはローマ法王がいて、教団の後継者ということになります。

イスラム教ではカリフは、もともとは「代理人」という意味です。イスラム共同体ウンマ*の最高権威で、ムハンマドの後継者という建前になっています。大まかにいうと、イスラム教徒の多数派スンニ派の中の「法王」に近い存在がカリフです。

「法王」と違うのは、イスラムは聖俗不分離、聖俗一致ですので、単に宗教的権威というだけでなく、政治面も含めた全イスラム教徒の唯一のリーダーだという点です。「聖俗」と言うときの「俗」は、政治だけでなく日常生活も含みます。たとえば、家庭内での生活にとっても、カリフは意味のある存在になるわけです。

このカリフが登場したのは、ムハンマドが亡くなった西暦六三二年以後です。イスラム共同体の指導者として選ばれたアブー・バクル*が初代カリフです。これが七世紀です。その後、複数のカリフが立ったり、スルタン（イスラム王朝の君主）がカリフを兼ねたりとさまざまな変遷を経て、オスマン帝国*滅亡と共にこの九〇年ほどカリフ不在の時代が続いています。

＊**ウンマ（イスラム共同体）**…イスラム教の信仰共同体。預言者ムハンマドがメディーナに移住したとき、メディーナの住民と結んだ契約「メディーナ憲章」のなかで、血縁にとらわれな

い「イスラム教徒の共同体」を意味する言葉として使用され、後世のイスラム法学でも理念的な信徒共同体をさす言葉として用いられている。一人のカリフが一つの法の下に統治する多民族的単一国家のウンマがほぼ理想に近いかたちで実現したのは、アッバース朝（七五〇～一二五八）の最初の一世紀までである。その後は政治的に分裂し、今日では民族国家に分かれ、ウンマの統一は遠い昔の夢となってしまったが、それが過去の栄光と結び付いた理想としてムスリム（イスラム教徒）に訴える力は大きい。

***アブー・バクル**…イスラム教の初代正統カリフ（在位六三二～六三四）。ムハンマドの死後、イスラーム共同体の合議により預言者ムハンマドの代理人、カリフとして選出された。このようにして選ばれたのは、アブー・バクル以下ウマル、ウスマーン、アリーの四人で、スンニ派では、この四人を指して「正統カリフ」とよぶ。

***オスマン帝国**…一四世紀から二〇世紀初頭までの長期にわたって繁栄をつづけたイスラムの大帝国。テュルク系（後のトルコ人）の皇帝をいただく多民族帝国で、一五世紀には東ローマ帝国を滅ぼし、一七世紀の最大版図は、東西はアゼルバイジャンからモロッコに至り、南北はイエメンからウクライナ、ハンガリー、チェコスロヴァキアに至る広大な領域に及んだ。帝制が廃止された一九二二年が滅亡年とされる。

――いま、バグダディがカリフを名乗ることは、イスラム社会に対してどんな影響を与えますか。

常岡　大半のイスラム教徒は、否定しています。各国のイスラム法学者たちも、ほとんどが否定しています。「この人物は、カリフの要件を満たさない」という言い方をする人もいますし、バグダディに抗議する公開書簡を出した人もいます。
　ただ、末端のイスラム教徒たちは、権威のあるイスラム学者たちに対する強い不信感をもっています。たとえば、エジプトにイスラム学の最高権威であるアズハル大学がありますが、そのイスラム学者たちは、独裁者のムバラク大統領の意向に従ってきた人たちです。そして、今は「アラブの春」をクーデターでひっくり返したシーシー将軍のいうことを聞くという、世俗権力の提灯持ちでしかない、独裁者の道具とみられています。
　そうした人たちが、「イスラム的におかしい」といっても、「いや、イスラム的におかしいのはあなたですよ」と、たくさんの一般信徒が思っていますから、逆に、そうした人たちから、「おかしい」と言われている人たちのほうが、むしろ正しい、偉いのではないか、と受け取られかねないところがあります。

――現代にカリフ制再興を支持する人びとはいるのでしょうか。

常岡　最近のイスラム急進派は、サラフィー主義が圧倒的に多くなっています。サラフィー主義のもと、世界的にカリフ制再興がムーブメントとしてあり、多くのイスラム急進派は「カリフの国をつくる」と主張しています。

今回のイスラム国取材で、ある義勇兵と、イスラム国の理想について話しました。彼は、「ヨーロッパも全部、いずれはイスラム国になるのだ」といったあと、私にむかってにこやかな表情で、「悪いけど、日本もイスラム国になってもらうから」といいました（笑）。

ただ、実際には、全世界をイスラム化するといってみせることで、現在のシリアやイラクの自分たちの状況を有利にする効果をねらっているのだと思います。世界中からシリアに集まってくる義勇兵を、ほかの敵対するグループにではなく、自分のところに引きつけるというねらいもあるのでしょう。

じつは、イスラム国は、シリア北部にいるサラフィー主義グループのうちの一つにすぎません。それ以外の反政府グループもほとんどがサラフィーです。それらの一部は、サウジアラビアの直接支援を受けてきました。サウジアラビアもサラフィーから派生したワッハーブ派*が国教です。初期のうちは、サウジアラビアがイスラム国にも支援していたという情報がありましたが、今では、イスラム国反対に転じて、米国といっしょに爆撃に加わっています。

＊ワッハーブ派…ハンマド・イブン・アブドゥル・ワッハーブ（一七〇三〜一七八七）の主唱にもとづき、サウジアラビア建国の基礎となったイスラムの宗教改革運動。ワッハーブは、イ

ブン・タイミーヤ（一二五八／一二六三～一三二八）の著作に共鳴して、新しい宗教運動を開始した。「コーランとスンナ（預言者の範例）に戻れ」と説く復古主義的立場であり、後代の付加物をすべて否定しイスラムの純化をめざす。

イスラム急進派に広がる「サラフィー・ジハード主義*」

――サラフィー主義という言葉が出てきました。現在のイスラム過激派の運動を理解するうえで重要だと思いますが、どのような主義主張なのでしょうか。

常岡　サラフィー主義はスンニ派のなかの一つの宗教思想で、一三世紀にイブン・タイミーヤ*が唱え、もともとは政治的なものではまったくありませんでした。預言者と正統カリフの時代を理想とする復古主義的な考え方です。イスラムのなかの異端派、スーフィー*とかシーア派などを批判します。

このなかの、現実を予言者の時代に合わせて改革してゆこうという運動を政治的サラフィー主義といいます。これは一三世紀から続くサラフィーの歴史のなかで、一九世紀になってから現れる、新しいものです。これは基本的には非暴力的なものです。たとえば、エジプトでは今も合法的なサラフィー政党が活動しています。

これに対して、その実現手段として、軍事力、暴力を用いる考え方を、サラフィー・ジハード主義とよびます。アルカーイダを含む今のイスラム急進派とよばれるグループの多くは、これに含まれます。ビン・ラディンのアルカーイダが異教徒を主な標的としたのに対して、イスラム国を含むほとんどの他のサラフィー・ジハード主義組織は、異教徒よりも、イスラムの中のシーア派やスーフィーといった他宗派や異端を敵視します。もともとのイブン・タイミーヤの思想が異教徒敵視ではなく、異端敵視ですから、イスラム国のほうがより、その思想に近い、ということになります。

同じイスラム教徒の中の、世俗的な生活をする人たちやシーア派、あるいは異端のアラウィー教徒などを「お前たちはイスラム教徒でなく、異教徒（カーフィル）だ」と宣言することを、タクフィール（背教宣告）といいます。タクフィールした相手をジハードの対象として攻撃するのがサラフィー・ジハード主義者の特徴です。

イスラム国がこれまでのところ、米国や欧州に対しては人質を処刑した他は一切攻撃をしていないのに、クルド人や少数派に対しては執拗に攻撃を加えているのは、このタクフィールの理念を建て前としているからです。

＊**サラフィー・ジハード主義**…サラフィー主義とは、初期イスラムの時代を模範とし、それに回帰すべきであるとするイスラム教スンニ派の復古主義的思想。シャリアの厳格な施行を求め、聖者崇拝やスーフィズム、シーア派を否定する。祖は一三世紀から一四世紀にかけ中世シリアで活動したイブン・タイミーヤであるとされる。サラフィー主義者は基本的には非政治的で非暴力的である。これに対して武力行使をジハードと位置づけて優先する流れ（一九九〇年代以降に台頭した）を、区別してサラフィー・ジハード主義とよぶ。アルカーイダなどイスラム過激派の多くが含まれる。

＊**イブン・タイミーヤ**（一二五八／一二六三〜一三二八）…中世シリアのイスラム法学者、哲学者。サラフィー主義の祖。近世以降、サラフィー主義者によって再評価されるようになり、ワッハーブ派の成立など、復古主義的イスラム改革運動の源流になっている。

＊**スーフィー**…信仰が形式主義に陥ることの批判から出現したイスラムの神秘主義哲学。直接体験によるアッラーとの合一をめざし、さまざまな修行、苦行のほか、回旋舞踏や音楽、場合によっては酒、麻薬などで忘我の境地を求めるものもある。これに従うものの思想や修行などを包括してスーフィズムともよぶ。

――アルカーイダは「サラフィー・ジハード主義」で、イスラム国はその流れです。しかし、北アフリカやアジアのイスラム過激派が、みな「サラフィー・ジハード主義」というわけではないでしょう。思想系列に違いがあっても、世界各地のイスラム過激派が、イスラム国に共感を持ちだしているように思いますが、それはなぜでしょうか。

常岡　イスラムのスンニ派には、「ハナフィー」「ハンバリー」「マリキー」「シャフィー」という四大法学派があります。たとえば、トルコは「ハナフィー学派」とか、地域によって学派が違います。イブン・タイミーヤのサラフィーの主張によれば、学派による論争は無意味だといいます。逆にいうと、どんな学派であれ、サラフィーの主張に感化される可能性がある。サラフィーは、「いちばん偏狭な連中だ」と言われますが、さまざまな学派から参加できてしまうという面で、イスラム世界でより普遍性があるともいえます。

これは思想的な話ですが、しかし、イスラム国が実際にやっていることをみると、他のサラフィー主義の武装勢力を敵視しています。つい最近まで一体だった同じサラフィー主義の「ヌスラ戦線」を、最大の敵のようにみなしています。

また、サダム・フセインは、アルカーイダを不倶戴天の敵とみなしていたのですが、そのサダム政権の残党がイスラム国の中枢に入って協力しています。

実際の運動のなかでは、理論というより、目の前の利害得失が前面に出てきます。

バグダディとはどんな人物か

──カリフを名乗ったのはバグダディという人物ですが、どういう人ですか。

常岡　米国は、バグダディが「イラク・イスラム国」の指導者だった二〇一一年、彼の拘束につながる情報を提供した人には懸賞金として一〇〇〇万ドル提供するといいました。今や米国のエネミーナンバー1という扱いですが、じつは、この人物像がよくわからないのです。

イスラム過激派のサイトによると、「バグダディは四三歳で本名はイブラヒム・アッワード・イブラヒム・アリ・アルバドリ・アルサマライ。バクダッド大学で学んで、イスラム学の博士号を取得し、シャリーア（イスラム法）の講師を務めた時期もある」とされていますが、本当かどうか、疑わしい。

バクダディによる書面での指示などはありますが、本人はほとんど表に出ない。一度、ビデオ映像が出てきました。イラクのモスルを占領したあとの二〇一四年七月四日の金曜礼拝での説教だといわれるものです。

バグダディの演説や書面による指示からは、イスラム学の特別に高い教養をみることができません。「イスラム学の博士号を取得し」という経歴はまったくのウソかもしれません。そもそも、いまイスラム国ではイスラム法を施行しているとされていますが、実態はでたらめです。

拷問も、見せしめ処刑も、恐怖の支配も、イスラム法にはありません。イスラム法は近代法と根本的に異なっているにしても、やはり法の支配をめざすのですから。

ヤジディ教徒の虐殺

イスラム国指導者バグダディとされる画像［AFP＝時事］

――イスラム国には、さまざまな残虐なエピソードがありますが、なかでも知られた事件にヤジディ教徒の虐殺があります。

常岡　二〇一四年八月はじめ、イスラム国は、シリア国境に近い、イラク北部のシンジャル地域を攻撃しました。ここはヤジディ教徒が住んでいて、非常に悲惨な状況になったようです。

「逃げ場のないおよそ数百の家族は、現在、近隣の山々に隠れている。日本時間八月四日夜、携帯電話での取材に応じた男性は『山には木や水もほとんどなく、すぐにイスラム民兵に見つかるだろう。ここで死ぬのを待つだけなのか』と泣きながら訴えた」

これはジャーナリストの玉本英子さんがイラクに入り、報告してきた生々しいリポートですが、抵抗の手段を持たない住民を殺し、捕えたものを捕虜として連れ去ったようです。

また、新聞はこう伝えています。

「シンジャルはイスラム国が六月に制圧したモスルの西方、シリア国境に接する。国軍（イラク政府軍）が撤退した後はクルド民兵が治安維持にあたっていたが、三日にイスラム国が侵攻し、クルド民兵は撤退した。

シンジャルには、イスラム強硬派から「悪魔崇拝」として非難される少数派のヤジディ教徒やキリスト教徒アッシリア人が多い。厳格なイスラムの実施や異教徒への抑圧で知られるイスラム国を恐れて約二〇万人が逃げ出した。

周辺の山地に入ったのは四万〜五万人とみられる。食糧も水もなく、日中は五〇度近い気温になる。国連筋の情報では数十人の子どもたちが脱水状態で死んだという。国連は食糧や水、医薬品を空から投下し、イラク政府に軍事的支援を要請。イラク空軍は五日にシンジャルのイスラム国の拠点を空爆し『二八〇人余りを死傷させた』と発表した」（「朝日新聞」二〇一四年八月八日付）

当時、ヤジディ教徒への救援で国連まで動きました。

――犠牲者はどのくらい出たんでしょう。

常岡　正確な数はわかりませんが、イラクのヤジディ系の国会議員は子ども七〇人が死亡し、女性は殺害されたり人身売買され、男性五〇〇人あまりが虐殺されたと訴えたといいます（CNNの報道）。

ヤジディ教という、少数派の宗教を信仰する人びとで、民族的にはクルド人です。ゾロアスター教*をベースに、イスラム教やキリスト教の影響も入っているといわれています。ゾロアスターといえば、二五〇〇年前からの宗教です。ヤジディは、クルド民族の固有の宗教で、最も歴史が古い。クルド人には、キリスト教徒も、ユダヤ教徒もいますが、イスラム教徒のクルド人でも、ヤジディの人たちを、何か「先輩」扱いするようなところがあるようです。居住地は、イラク、シリア、トルコの国境近くに広がっていて、イラク国内には三〇万人いるそうです。

＊**ゾロアスター教**…古代ペルシャを起源とする宗教。紀元前六世紀にアケメネス朝ペルシャが成立したときには、王家と王国の中枢をなすペルシャ人のほとんどが信奉していたとされる。主神はアフラ・マズダで、火を神聖視するため「拝火教」ともいう。世界は生命・光と死・闇との闘争だとする善悪二元論的な宗教である。

——二〇一四年八月の攻撃は宗教的な処罰でしょうか。

常岡　ヤジディの住むシンジャル地域はシリアとの国境近くにあるという地理的な条件のために攻撃されたと思います。イスラム国は基本的に実利で動くので、国境を広く押さえるというのが目的でしょう。

結果として、大量殺戮するなどむごい扱いになったし、また、ヤジディ教徒自身も、イスラム国から酷い迫害を受けることを恐れて、数万人という単位で山野をさまよい、犠牲が大きくなったということもあったようです。

また捕まえたヤジディ教徒の女性たちを奴隷にしたという報告を受けて、米国は、一気に空爆実施に踏み切りました。イスラム国によるヤジディ教徒迫害は、イスラム国の残虐さを世界に知らしめ、国際社会を動かす節目になりました。

奴隷制を復活

——ヤジディ教徒を奴隷にしたということですが、新聞報道によれば、イスラム国は「インターネット上の英字の機関誌『ＤＡＢＩＱ』最新号に「奴隷制復活」と題した記事を掲載した。イラクで拉致した女性や子どもを、戦利品として戦闘員に分け与えるなど、『奴隷』として扱っていることを明らかにしている」（「朝日新聞」二〇一四年一〇月一六日）とされてます。

常岡　それは私の体験からいって事実だと断言できます。昨年九月にイスラム国を取材したとき、現地で「女奴隷を買わないか」ともちかけられました。まさか「奴隷」が売られているとは、と心底衝撃を受けました。

値段を聞いたら、一八〇〇ドルといっていました。結局、時間切れで、会えずに帰ってきてしまいました。値段が付いているということは、そういうマーケットがあるということだと思います。

彼らは「ヤジディの女奴隷」とはっきり言っていました。先に出てきたイラクのシンジャル地域から拉致され、運ばれてきたのだと思います。多くの男たちを殺し、女たちはシリアまで連れてきて奴隷として売買しているのです。

昔のムハンマドの時代に、異教徒に対するジハードを行ったときに、異教徒の捕虜を奴隷にしたことがあります。だから正しいのだと正当化しているようです。

実際問題としては、世界中から義勇兵としてたくさんの男たちが来ています。それに見合った人数の女性が必要になっています。異教徒との結婚は禁止されていますが、奴隷を改宗させれば、妻にできます。

イスラム国の機関誌では、「奴隷」となった女性を戦闘員と結婚させれば、戦闘員は姦通《かんつう》の罪を犯す誘惑から守られるとする理屈も展開しているそうです。

――常岡さんはイスラム教徒ですが、この奴隷制復活をどのようにみていますか。

常岡　私のようにサラフィーでないイスラム教徒からいうと、イスラムは奴隷解放の宗教なのです。コーランには「奴隷を解放することは最大の善行である」とはっきり書いてあります。ただ、議論を端寄ったかたちになってしまいますが、サラフィーは奴隷は合法だといっています。サウジアラビアが長い間、奴隷を認めていました。さすがに一九六〇年代に奴隷を禁止しました。それ以降、公然と奴隷制を行っているのは世界でここだけだと思います。私からいわせると、七世紀に逆戻りです。

サダム・フセインの残党と提携

――他のイスラム急進派と比べてイスラム国の独特の戦い方はありますか。

常岡　イスラム国はシリアの政権軍とほとんど戦おうとしないことでしょう。これは際立っています。自分たちの国をつくるということを至上命題にしています。

先ほどいいましたが、イスラム急進派は、サラフィーが主流なので、「カリフの国をつくる」ことはどの組織も建前にはしています。しかし、目の前にアサド政権の虐殺が進行している場合、イスラム教徒の同胞をその危機から救うことがイスラム法上の義務だと考えますので、それを優先します。その義務を完全に放棄しているのがイスラム国の特徴です。

私は、イスラム国が掲げる理想や理念は、じつはただの「隠れ蓑」だと思っています。中身は「利益」「利権」です。カリフ制という理念に惹かれて外からやってきた人たちを、イスラム国はまったく違う思惑で利用しているだけです。サダム・フセインの残党との提携は、まさに理念などどうでもよいことをはっきり示しています。

サダム・フセインの残党で組織している「ナクシュバンディ軍」*が、イスラム国と共同作戦をしていると報じられています。この「ナクシュバンディ軍」は、スーフィーなのです。スーフィーはイスラム神秘主義の宗派です。イスラム国がベースにしているサラフィー主義は、理念としてスーフィーとは相容れないのです。アルカーイダはスーフィーを攻撃します。イスラム国もスーフィーを敵視しているはずですが、実際は協力している。これ自体がおかしいのです。

＊ナクシュバンディ軍…イスラム国と連携しているこの部隊は、フセイン政権時代のバアス党ナンバー2だったイッザト・イブラヒームが指揮しているといわれている。名前の由来であるナクシュバンディ教団は一二世紀にウズベキスタンで成立した、イスラム神秘主義のスーフィー（スーフィズム）の一派。

――サダム・フセインの残党となると、軍事的には有能でしょうか。

常岡　軍事的に戦略を立てる能力はあるでしょうね。ただ、義勇兵などイスラム国のメンバーのほとんどが戦闘の素人であるとよくわかっていますので、強いアサド政府軍との正面衝突を避けようとします。弱いところ、手薄になっているところをひたすら狙う。こうして領土を拡大しているのは、彼らの入れ知恵だと私は思っています。

モスル攻略のときなどわずか数百人のイスラム国部隊で、マリキ政権軍＊が総崩れになり、武器を引き渡して逃げていきました。この異様な負けっぷりの原因はまだわかっていません。サダム・フセインの残党の地下活動が大きかったのではないかと私は思っています。サダム残党が政府軍組織を切り崩すとか、何か特別なことをしたのかもしれません。

イスラム国は、斬首した敵の首を並べることを戦略として行っています。許しを乞おうと降伏しようとおそらく殺される、捕まらないうちに逃げようと敵側に恐怖心が生じれば、イスラム国を有利にします。

恐怖を煽るのは、まさにサダム・フセインの恐怖支配を担ってきた残党たちの手法です。サダム・フセインの残党は、理念などとは無縁の、どのようにすれば巧妙に人民を支配し、独裁国家を維持できるか、その技術に長けた集団です。イスラム国躍進の陰の功労者だと私は思います。

＊**マリキ政権**…二〇〇六年五月に発足したイラク正式政府の首相にシーア派の政治家であるヌーリー・マリキが就任、二〇一四年までの長期政権を率いた。マリキは旧フセイン政権関係者に対しては終始強硬であり、サダム・フセインの死刑執行を主導した。二〇一四年八月一一日、イスラム国の勢力が拡大する中、マアスーム大統領は挙国一致体制をつくるため、アバーディ連邦議会副議長を次期首相に指名。米国も、イスラム国の勢力拡大の要因の一つをシーア派を偏重するマリキ首相の姿勢に求め、マリキ排除に賛成。二〇一四年九月八日、ハイダル・アバーディを首相とする新内閣が発表された。

何が世界のイスラム教徒にアピールするのか

――イスラム国といえば義勇兵が世界中から押し寄せてくることが注目されています。何が彼ら

を引き寄せるのでしょうか。

常岡　それは「カリフ制」なのです。これは一種のユートピア思想です。地球上の全イスラム教徒を一つの共同体（ウンマ）に再統一するというものです。「カリフ」というボタンを一つ押せばこの世のすべての悩み苦しみが解決するとでもいった単純な思考です。日本人はなかなかわからないでしょうが、このカリフ制に共鳴する人びとは世界中にいるのです。

ただ、義勇兵については、さまざまなケースがあり、後で個々の例を挙げながら、くわしく語ろうと思います。

――イスラム国は、インターネットなどを駆使して、巧妙に世界の若者たちをリクルートしているといわれています。

常岡　そこには誤解があると思います。イスラム国指導部は支配領域のローカル・インターネット・プロバイダーを禁止しています。また、ローカルの携帯電話会社も禁止してしまいました。民衆から情報発信手段を奪うことに血道を上げ、インターネットを使った民衆運動の意義や意味を理解していません。むしろ、民衆運動を恐れ、憎んでいます。

――捕えられた米国人や英国人の処刑が動画で流れ、世界に衝撃を与えました。オレンジ色の服

を着せられ、ひざまづかされて処刑されるあの映像は組織的に発信しているのではないですか。

常岡　あの映像は、おそらくイスラム国が組織的にかかわっていると思います。ただ、イスラム国は、公式ウェブサイトを持っていません。ツイッターもフェイスブックも公式には使っていません。インターネット上にあふれているイスラム国関連の動画や写真は、基本的にはイスラム国を支持する人たちが勝手にやっているのです。

バグダディの声明が出てくることがたまにありますが、イスラム国から直にではなく、どこか経由で出てくる。イスラム国にも広報担当者がいるという話はありますが、ほかの組織、たとえばタリバン、ソマリアのアルシャバブに比べると、ネットの発信力は弱く、まったく組織的にできていないといっていいと思います。

上手に編集されたインターネット上の動画やリクルート活動は、ヨーロッパからやってきた義勇兵や、各国のイスラム国支持者たちが行っている。彼らが自発的に担っているのです。

世界に拡散する勝手連

――いま、米国などの先進国はテロの拡散を恐れています。世界各地のイスラム過激派が、イスラム国と共闘すると声明を出し、あるいはカナダや米国でイスラム国の支持者によるとみられるテロが起きています。

常岡　昨年（二〇一四年）九月から一〇月にかけて動きが急になっています。九月下旬には、アルジェリアで、「カリフの兵士」という武装組織がフランス人を斬首し、処刑しました。これはフランスがイラクのイスラム国を爆撃したことへの報復だといっています。また、ナイジェリアの武装組織「ボコ・ハラム」*が、「われわれはイスラム国の一部である」と言い始めたりしています。

――「ボコ・ハラム」といえば、二〇一四年四月に、西洋式の教育に反対し、女子校を襲撃し、たくさんの女子生徒を拉致した集団でした。

常岡　フィリピン南部のアルカーイダ系といわれる過激派「アブ・サヤフ」*は、四月からドイ

＊**ボコ・ハラム**…ナイジェリアのサラフィー・ジハード主義組織。ボコはハウサ語で「西洋式の非イスラム教育」を意味し、ハラムとはアラビア語で「罪」の意味で、ボコ・ハラムは「西洋の教育は罪」という意味となる。二〇一四年四月一四日夜から翌一五日にかけて、ボルノ州の公立中高一貫女子学校から二七六名の女子生徒を拉致するなど多くの事件を起こし、「ナイジェリアのタリバン」とよばれる。

ツ人二人を人質にとっています。「イスラム国に危害を加えるのであれば、人質を殺す」といっています。

アルカーイダが落ち目の今、勢いをのばすイスラム国は、世界各地のイスラム急進派に対して強い吸引力を持っています。世界のイスラム急進運動の中心になっています。

アルカーイダ系組織は、よく「ブドウの房」にたとえられました。ピラミッド状の硬いヒエラルキーがある組織ではないといいます。勝手に、さまざまなところからぼこぼこ出てきて、ゆるい連携で統制が取れないかたちです。

*アブ・サヤフ…一九九〇年代初め、フィリピン南部及び南西部におけるイスラム国家建設をめざして設立された武装組織。アルカーイダとは、資金、武器・訓練の供与を受けていたとされ、一九九三年に米国で発生した世界貿易センタービル爆破事件の首謀者ラムジ・ユセフらが策定した「ボジンカ作戦」を側面支援していたとされる。近年は、誘拐を実行する犯罪組織としての性格が強まり、観光や商用目的で訪れる外国人も標的とするようになった。

――九・一一のあと、アルカーイダが注目されたとき、私はインドネシアのアルカーイダ系組織といわれた「ジェマ・イスラミア」*の幹部にインタビューしたことがあります。彼らが言うには、「われわれは、アルカーイダとみなされてもいいが、しかし、恒常的に指示・連絡があるわけではない」という言い方をしていました。まさに「ブドウの房」です。

常岡――イスラム国を支援する動きもまったくそうです。イスラム国指導部との緊密な連絡などなく、世界各地で自発的にやっている。いわゆるイスラム過激派は、一言でいえば、勝手連なのです。

インドネシアでは「ウィー・アー・オール・ISIS」というロゴが広まっています。例のイスラム国の黒い旗にそう書いたものを前にして、覆面した人たちが写真を撮ってはインターネット上にあげています。

こういう動きは、これからも続くだろうし、勝手連を抑え込むのは不可能です。今後はますます大変な事態になっていくかもしれません。

＊**ジェマ・イスラミア（JI）**…タイ南部、マレーシア、シンガポール、インドネシア、ブルネイ、フィリピン南部にわたるイスラム国家の樹立を目的とするイスラム急進主義運動。九・一一事件の数ヵ月後、シンガポール政府が、連続爆弾テロを企てた容疑で十数人を逮捕し、所属組織をJIと公表し、その存在が知られるようになる。アルカーイダやアブサヤフなどとの軍事面・資金面での共闘関係が指摘されている。二〇〇二年一〇月一二日のバリ島の爆弾テロ事件、二〇〇四年九月九日のジャカルタ・オーストラリア大使館付近での爆弾テロ事件、二〇〇五年一〇月一日のバリ島の爆弾テロ事件などがJIの犯行とされている。

4

義勇兵たち

世界を震え上がらせているイスラム国のメンバーとはいったいどのような人びとなのか。

シリアで会った義勇兵の出身地は二九ヵ国にも及んでいた。

外国人義勇兵の存在が国際問題の焦点にのぼるいま、彼らの素顔を生々しく語る。

イラク北部ニナワ州内の荒原に集合したイスラム国の部隊［AFP＝時事］

いざ、内戦のシリアへ

——二〇一四年八月一九日、イスラム国によって米国人が処刑された映像が流れましたが、彼はジャーナリストでした。外国人ジャーナリストは、イスラム国にほとんど入れていませんが、常岡さんは三回も取材することができました。

常岡　私は、イスラム国を三回取材しています。正確に言うと、最初は「ヌスラ戦線」、二回目はISIS「イラクとシャームのイスラム国」を取材し、その集団が二〇一四年六月にイスラム国に改称したあと、九月に取材したのが三回目ということになります。

——世界的にも非常に貴重な取材だと思いますが、きっかけを教えてください。

常岡　これが奇妙な縁で、チェチェンつながりなのです。私はかつて、チェチェン戦争*の取材を長くやっていました。ソ連崩壊の後、チェチェンで独立を求める武装闘争が起き、私は独立派の部隊に従軍し、死にかけたことがありました。二〇一三年の三月八日、独立派の幹部だった人から一〇年ぶりに連絡があって、自分の息子が、今、シリアで戦っている。もし、必要だったら紹介してもいい、と。「では、お願いします」となって私のシリア取材が始まりました。

＊チェチェン戦争…ロシアからの分離独立をめざすチェチェン人とロシアとの間で、一九九四年から二度にわたり戦われた民族紛争。チェチェンはグルジアに隣接する人口約八〇万人、日本の四国ほどの大きさのイスラム教徒の住民が中心の共和国。ソ連時代、一九二二年にチェチェン自治州、三六年にチェチェン・イングーシ自治共和国が成立、四三～四四年にはドイツ軍に協力したとして民族ごと中央アジアに強制移住させられ、五七年に帰国が許され、自治共和国が再建された。九一年一一月に独立国家を宣言したがロシア政府はこれを認めず、九四年一二月、ロシア軍の攻撃で内戦状態に発展。九六年八月に和平合意が成立し、選挙で穏健独立派が大統領に選ばれたが、再び独立運動が激化した。九九年九月にロシア軍は空爆を開始、再び内戦化して、プーチン政権は二〇〇〇年六月に臨時行政府を設置、親ロシア派を中心にした国づくりをさせている。

――取材はどのようにはじまりましたか。

常岡　一昨年春（二〇一三年四月）、チェチェン人グループの基地をめざして、トルコのヤイラダアという町から山越えをしてシリアに入りました。ところが、いきなり道に迷ってしまいました。

歩きつづけると「ヌスラ戦線」の基地でした。携帯を取り上げられたことを先ほどお話ししましたね。

私がめざしたチェチェン人グループは、ムスリム・シシャニという人が率いていました。

「ヌスラ戦線」とも関係がよく、そのためか「ヌスラ戦線」は私にも大変親切にしてくれ、チェチェン人部隊の基地まで送ってくれました。当時の「ヌスラ戦線」はその後、分裂しますが、私が会った戦闘員の多くがイスラム国に合流します。このときをイスラム国取材第一回目と数えているわけです。

シリアには、一〇〇、いや二〇〇以上の数えきれない反政府組織が乱立しているといわれています。そのチェチェン人部隊は、イスラム国からも、アルカーイダからも、自由シリア軍からも独立した部隊で、彼らの特徴は、アサド政権とは徹底的に戦うが、反政府組織であれば絶対にどことも敵対せず、あらゆる組織と仲よくするという考え方を貫いています。ですから、イスラム国とも友好的で、そのおかげで私はイスラム国の司令官とつながりをもつことができたのです。今、この部隊はシリア北西部国境地帯のラタキア県を中心に、今も独立して活動を続けています。

――二回目はどういう経緯ですか。

常岡　二〇一四年一〇月ですが、このときも同じチェチェン人部隊をめざして、前回より少し北から国境を越えてシリア側に入りました。

するとと「はい、おいで」と兵士が出てきました。アルジェリア人の義勇兵でした。「はい、はい」とついていくと、ある部屋に通されました。そこに、真っ黒なでっかい旗が掛かっていました。見ると「イラクとシャームのイスラム国」（＝ISIS）と書いてある。「これはやばいところに来た」「まちがったかな」と、ぞっとしました。

当時からISISはいちばん「残酷」といわれていました。捕まるととんでもないことになるのでは、と思いました。そうしたら、偉そうな太った男性が出てきて、「よく来たね」と。歓待してくれたのです。それが、司令官、シェイフ・オマル・グラバーでした。

チェチェン人部隊の戦士たち。ミニバスでアサド政権との戦いに向かう。著者も同行取材した

チェチェン人グループが、私がシリアに来ることをISISにも連絡を入れてくれていたようで、ここでも親切にしてもらいました。

そこにいたのは、全員が外国人の義勇兵でした。今はオマル司令官とともに、イスラム国のメンバーになっているはずです。

私は、昨年（二〇一四年）二月にトルコの国境地帯まで行きましたが、そこで再びオマル司令官に会いました。彼は、「イスラム戦線」という反政府武装勢力に攻撃され、トルコ領内に避難していました。その避難先で二週間ぐらいいっしょに過ごし、親しくなりました。

オマル司令官

――オマル司令官と個人的なつながりができたことで、昨年九月に湯川さんの通訳を頼まれるという展開になったわけですね。常岡さんとイスラム国を結ぶキーパーソンですが、どういう人物ですか。

常岡 とても気さくな人です。彼はアラビア語しかできない、私はアラビア語が話せない。すると、オマル司令官は、毎日「アイ・ラブ・ユー、アイ・ラブ・ユー、シャミル」などと言って私をハグする、茶目っ気のある人でした。

彼は、五〇歳代で元々は、薬を売る商人だったそうです。サウジアラビアで薬を仕入れてきて、シリアで販売していたと言っていました。後にトルコと国境を接するイドリブ県ダルクーシュという地域の国境地域を管理し、そこでは、石油の密輸出もやっていたそうです。ところが、そこから軍事的に追い出されます。そのあと、イスラム国がクルド人の居住区、テルアビヤドという町を占領したあと、そこでイスラム教に関する宣教活動の事務所の責任者になり、今は、テルアビヤド宣伝教育部長だそうです。

――軍人ではないのですか。

常岡　彼は「アミール」とよばれています。「アミール」とは、司令官という意味を含んでいます。ただ、彼は肥満で、戦場を駆け回れるようには見えないので、おそらく直接軍事指揮を執るというより文民的な仕事をしているのでしょう。

序列としては、彼とカリフであるバグダディの間には、もう一人司令官がいると言っていました。

イスラム国入りのきっかけとなったオマル司令官

義勇兵は一万五〇〇〇人？

――過激化・政治暴力研究国際センター（ICSR・ロンドン）によると、シリアとイラクの過激派に合流している外国

人は、最大で、推定四四ヵ国、合計一万六三三七人で、うち北米二〇〇人、ヨーロッパ二五八〇人、東欧・ロシア一三二〇人、中東・北アフリカ一万一四〇二人、アフリカ七〇人、アジア・太平洋七六五人とされています（http://www.afpbb.com/articles/-/3026470）。

また、米国はイスラム国だけで、八〇ヵ国以上から一万五〇〇〇人の外国人義勇兵が入っているといっています。現地を見て、どのような印象を持っていますか。

常岡　たしかに多かったですね。とにかく銃を持っている人たちは、外国人が大半という状態でした。イスラム国は外国人主体の組織といっていいと思います。私は、イラク側はいっていませんが、少なくとも、シリア側では外国人が主です。

イスラム国だけでなく、ほかのところにも外国人義勇兵はたくさんいます。イスラム過激派ではなく、「自由シリア軍」であっても外国人が入っています。

そもそも、シリアで内戦がはじまった二〇一一年から、つまりイスラム国ができるずっと前から、外国人が入って、戦っていました。

出身地ごとにまとまっていることも多く、チェチェン人のように、独立した部隊をつくっている場合もあります。

――外国人が内戦に参加することに対して、シリア国民の反発はないのでしょうか。

常岡　内戦が激化するなか、欧米諸国からの支援はほとんど届かない。その代わりに、イスラム諸国からの義勇兵や寄付が入ってきました。必要悪というか、現実には、それなしには政府軍に抵抗できなかったでしょう。

義勇兵の是非は、アサド政権を認めるのかどうか、という立場の問題にもなります。今、欧米諸国は「外国人義勇兵が入るのは問題だ」といっていますが、欧米が支援する「自由シリア軍」でさえ、義勇兵の存在を擁護してデモを行っています。

「外国人義勇兵が問題だと？　アサド政権側には、イランやレバノンやイラクから傭兵が入っていないとでもいうのか」。これは、「自由シリア軍」のデモで掲げられたプラカードの言葉です。

つまり、はじめからシリア内戦には、政府側にも、反政府側にも、外国人がいて、戦いに参加しています。これが内戦の実態です。

――そもそも「アラブの春」から、「戦っている仲間を助けよう！」というような国を越えた連携がありました。

常岡　「外国人義勇兵が問題だ」というのは、近代的国民国家の枠組みを大事にする、先進主要国だけの常識なのだと思います。

チュニジアで起きた「アラブの春」が、エジプトに、リビアに、シリアに波及するということ自体、すでに国境線を越えているわけです。それぞれの国に、国外から個人やグループが支援に入っていました。

シリア人も国外で戦っています。イラクでの戦争と内戦には、多くのシリア人が国境を越え、義勇兵になって戦いました。同じアラブ人、同じイスラム教徒であるのに国境線で隔てられていることに対する疑問、矛盾は、欧米の感覚とはまったく違うものがあると思います。

——イスラム国が成立してからの義勇兵は、それ以前と違いますか。

常岡　これまでと同様、シリアのアサド政権と戦いたいという人もいますし、イスラム国の宣言後には、カリフ制の国づくりに関わりたいという人も出てきています。イスラム国という、いわば「核」ができたことで、求心力を持ったのは事実です。

でも、私が実際に会った義勇兵たちはじつに多様で、みながみな、「民衆のために！」、あるいは「カリフのために！」とまなじりを決してきているわけではありません。動機もさまざまです。

ピクニック感覚で来ている人もいるし、思い詰めて来る人もいます。外国から来て「反政府勢力同士で戦うとは無駄、ばかばかしい」という考えの人も多い。さらに入る組織を決めてくる人もいれば、とりあえずどこかに所属してから所属組織を変えることもあります。「自由シリア軍」から別のイスラム急進派へ移る、あるいはイスラム国にいったん入ったけれども、そこを出て「ヌスラ戦線」に入り直した人もいます。じつに多様です。

会った義勇兵は二九ヵ国から

――常岡さんが取材中、どこからきた義勇兵に会ったか、教えてください。

常岡　では、私が会った義勇兵たちの出身地を数えてみましょう。イスラム国以外の部隊、たとえばチェチェン人の独立部隊の義勇兵も含めます。メモを見ながら数えてみましょうか。

まず、中東から北アフリカにかけてのアラブ圏。エジプト、ヨルダン、サウジアラビア、レバノン、イラク、アラブ首長国連邦、モロッコ、アルジェリア、チュニジア、リビア、ソマリア、西サハラ、で一二ヵ国ですね。

他のイスラム教徒の多い国、地域では、トルコ、ボスニア・ヘルツェゴビナ、アルバニア、アフガニスタン、パキスタン、アゼルバイジャン、それからロシアのダゲスタン、ウズベキスタン、カザフスタン、中国の新疆ウイグル自治区、あとインドネシア。これで一一ヵ国。

それから、ヨーロッパが、フランス、ドイツ、英国、オランダ、デンマーク、ベルギーで六ヵ国。合計して、二九ヵ国になります。

――出身地の多様なことに驚きます。イスラム教の国やアラブ圏からやってくる義勇兵には、どういう人がいましたか。

常岡――私が仲よくなったエジプト人は、地元エジプトで独裁政権と長年にわたって戦いつづけ刑務所にいた人でした。

「アラブの春」のおかげで、三年ぶりに刑務所から出ることができたので、次はシリアで独裁を倒そうと、同じ志のグループに加わってやってきた。ところが、その後、エジプトでシーシー将軍のクーデターが起き、彼はエジプトに戻れなくなってしまいました。いまはイスラム国の義勇兵です。

――自分の国の革命は一応できたから、こんどはシリアの革命に連帯しようとやってきた。これは欧米や日本の私たちには理解することが難しいですね。

常岡――彼の奥さんはチェチェン人でした。すでに、ドイツの永住権を持っていて、「いっしょにドイツに行こうよ」と薦められたけれども、それを断ってシリアに来てしまった。奥さんもいっしょです。

西サハラの人は、イスラム国でなく、チェチェン人独立部隊所属の義勇兵でした。彼はすごく過激というか、イスラム急進派的でした。

モロッコ王制を倒し、最終的には自分の祖国西サハラを解放したいと思っている。西サハラは建国以来、モロッコに占領され、実効支配されているものですから。しかし、今は弾圧がひどく、そうした運動はできない。まず最初に自分ができることは、シリア解放に関わることではないかと思い、やって来たというのです。

抑圧を逃れてシリアへ

――常岡さんがシリアで会った義勇兵の中に中国の新疆ウイグル自治区がありましたが……。

常岡　会って話をした人が二人います。ウイグル人がシリアに来るのは大変です。私が話した人は、カンボジアにいったん出て、そこからベトナムに出て、マレーシアに行って、インドネシアで一遍捕まって服役。刑務所から出てトルコに来て、そこから入ってきたといいます。彼とは英語で話すことができました。もっと前に会ったウイグル人は、ロシア語ができたのでロシア語で話しました。

中国は近年、とくに二〇〇九年のウイグル騒乱以降、ウイグル民族への弾圧策を強め、国外に脱出する人が増えていると聞きます。

――外国人義勇兵は、シリアで何かを成し遂げる、またはシリアで何かに貢献するという人だけではなく、助けを求めて逃げてくる人たちまでいるのですね。

常岡｜カザフスタンから来た人とも話しましたが、政府からの弾圧を受けて、命からがら出てきたと言っていました。イスラム教徒への弾圧はウズベキスタンやカザフスタンもひどく、「生きていくために来るしかなかった」といっていました。

日本人の目には、シリアは、内戦でめちゃめちゃになり混沌としているようにみえるかもしれませんが、ウイグル人はじめ世界各地で抑圧されているイスラム教徒には、身の危険から逃れるために避難する場所でもあるのです。

そういう人にとっては、イスラム国が「世界のイスラム教徒よ、来たれ」とよびかけていることは、新たなアピールになるでしょう。

シリアで自国の革命を展望

――常岡さんの知合いが多いチェチェン人も、やはり地元から逃げてきたのですか。

常岡　私が親しく接したチェチェン人に関しては、大半が難民でした。チェチェン戦争のときに、弾圧や戦火を逃れてヨーロッパに難民として出てきて、何年か暮らして、それからシリアに来た人たちです。故郷のチェチェンにいられなくなりやってきました。

しかし、彼らはたんに避難場所をさがしてシリアにたどり着いたというのではなく、シリアで戦うことが、故郷の解放につながるという積極的な意識を持っていました。

最終目的はチェチェンを解放することですが、いきなりプーチン（大統領）を倒すのは無理だが、ロシアとつながりの強いシリアのアサド政権を倒すことでプーチンを追い詰めることができるといっていました。

――自分たちの革命を成就する戦略の中に位置づけているのですね。

常岡　チェチェン人（ここではチェチェン人だけではなくチェチェン人中心のロシア語を共通言語とした人びと）グループはいま大きく三つあります。

一つが、私が一回目と二回目のイスラム国取材のときにいった部隊で「ジャヌード・アッシャーム」（シャーム兵団）です。もう一つが、「ジェイシュ・ムハージリーン・ワ・アンサール」という部隊。「ジェイシュ」は軍隊、「ムハージリーン」は移民あるいは亡命者、「アンサール」は支援者。ムハンマドがメッカで迫害されて、メディナに居場所を移したときに自分のことを「ムハージリーン」と言ったのです。訳すと「亡命者とその支援者の軍隊」とでもなるでしょうか。

これを率いていたのはオマル・シシャニという人ですが、部下とともにイスラム国に参加しました。ところが、七〇〇～八〇〇人が、「イスラム国では嫌だ」といって、「ジェイシュ・ムハージリーン・ワ・アンサール」に戻ってしまいました。

その残りが、いまムスリム・シシャニ指揮のもと、イスラム国のチェチェン人部隊というかたちになっています。詳細は不明ですが、イスラム国の最強部隊といわれています。

つまり、最初の独立部隊「ジャヌード・アッシャーム」、「ジェイシュ・ムハージリーン・ワ・アンサール」そしてイスラム国の一部になっているチェチェン人グループの三つです。

――チェチェン人のケースのように、集団でまとまってシリアに来るのは、個人で来るのと違って、それ以前の政治運動の背景があるのですね。

常岡　はい、そうです。いま、チェチェン周辺には、ロシアからの独立をめざす「カフカス首長国」を名乗る武装組織があります。「ジェイシュ・ムハージリーン・ワ・アンサール」は、この「カフカス首長国」のシリア支部という位置づけになっています。

これらの部隊はものすごく戦闘に強いという特徴もあります。イスラム国は、いま広まっているイメージとは逆に、先ほどもふれましたが、直接の戦闘は、強くありません。しかし、ムスリム・シシャニの部隊だけは異常に強い。ムスリム・シシャニはいま、イスラム国の北部方面の最高司令官になっています。

ヨーロッパからの義勇兵

――イスラム国の義勇兵が一気に注目を集めたのは、昨年（二〇一四年）夏でしたね。

常岡　八月の米国人の処刑映像が流れたときです。オレンジ色の服でひざまづく米国人のそばに、黒ずくめの覆面の男が立って、英語で朗々と演説をぶって自ら処刑を行ったあの映像。覆面の男性の英語から身元が割れ、英国人だとわかりました。彼は白人ではなくて、パキスタン出身だったことも判明しました。私が会ったヨーロッパ出身者のほとんどが移民でした。イスラム教の国からヨーロッパに移民してきた二世や三世が多い。

彼らがシリアに来るのは、失業し、貧困状態にあるからだという分析が散見されますが、これは完全な間違いです。お金持ちの人もいれば、きちんとした職業に就いていて、仕事を辞めてきた人もいます。そもそも、欧州の社会保障で困窮者が受け取るお金は、イスラム国の給料よりずっといいのですから。

むしろ社会からの疎外感が大きな問題です。

ヨーロッパから来たなかで、差別されたことを訴える人には何人も会いました。難民としてフランスに暮らしていたチェチェン人、それから、ドイツのトルコ人移民などに話を聞くと、悲惨な境遇にあったことをよく聞きました。

彼らは社会の差別の構造をじつに冷徹に見ていました。

あるチェチェン人の若者は、「おまえ、フランスに行ったことある?」「行ったよ」「おまえな、五年前のフランスと今では、まったく別の国だよ」という言い方をしました。「確かに、おれも五年前はよかった気がする。今はもうあいつらは、移民は人間じゃないぐらいにしか思ってない」というのです。

差別されるなかで、自分の居場所ははたしてここなのか、と疑問が募っていくようです。

しかし、ヨーロッパも国によって相当違います。たとえば、ノルウェーにいるアフガニスタン人の友人は、「ノルウェーはいいところだ」といいます。彼はノルウェー国籍も取りました。

彼の与えられている家や周辺の生活も見せてもらいましたが、近くに、ソマリアやパレスチナの難民もいっしょに生活し、商店で働いているなど地元に溶け込んでいるのです。また政府からお金をもらい、ノルウェー語を五年間無償で勉強させてもらえるなど、政府が難民として入ってきた人を自国の人材として生かすため、きちんと社会参加のための投資をしているのです。デンマークに逃れているチェチェンの司令官にも会いにいったことがあります。彼のところも、やはりデンマーク語を勉強させてもらい、子どもたちは、地元のボクシングクラブで大活躍しているといいます。

パレスチナ人、黒人の移民とデンマーク人が地域でいっしょにそのクラブに属して活動していました。いかにも楽しそうでした。

シリアでは、英国から来た義勇兵にも会いました。

英国から来た移民の話は興味深いものでした。彼は、フランスやドイツの悪口をいう義勇兵がいるなかで、「英国は違うんだよ。英国人は、とてつもなくプライドが高く、紳士たるもの、『ヘイトスピーチを吐くほど、おれたちは落ちてない』と言う。だから、ロンドンでは、アルカーイダのモスクも自由に運営されている」と。そのうえで、「ただし、それは差別がないということではなく、多分あいつらは、心の中ではだれよりも強い差別意識を持っているのだけど、それをおくびにも出さない」ともいっていました。「彼らは、フランス人をばかにしていて、『あいつらは、教養がないからヘイトスピーチを平気で吐く』」と。
彼は仲間と一緒に車を一〇台連ねてシリアまできたと語っていました。

――英国と中東は、私たちにとってはとても遠いと感じますが、じつは、車で行くことができるわけですね。

常岡 そうです。日本から韓国にすら、車で行くことはできませんが、英国からは、フェリーか、海底トンネルを利用すれば、シリアまでドライブできます。
日本人にとっては、中東やイスラムというと、すごく遠い存在ですが、ヨーロッパでは、周りにイスラム教徒の移民はいますし、モスクもあります。陸続きで中東までいくことができます。だからイスラム国の出現は他人事ではないという切迫感があります。

「地上に正義を実現するために」

――義勇兵の考えをじっくり聞いたことはありますか。

常岡 はい、あります。ドイツ人をインタビューしました。四人、ドイツ人に会いました。うち一人は、パレスチナ出身のドイツ国籍者でした。父親の代にパレスチナから移民し、彼はドイツ生まれで、大学も出て、エンジニアの資格を持っているといっていました。

——なぜ彼はシリアに来たのでしょうか。

常岡　彼の場合はドイツに何の不満もないどころか、ドイツが好きで、ドイツとは戦いたくないとまでいっていました。

では、なぜ、と聞くと、まさにイスラム国の理念を語っていました。英語で「ジャスティス」という言葉を使って、「地上に正義を実現したい」と。「ヨーロッパにしても米国にしても、『マンメイドロー』（人定法＝人間がつくった法）によって人類が支配されている状態に納得がいかない」と言いました。

欧米の「正義」は、その場その場の都合でしかなく、利益で左右されるのだ、と。かつて米国はアルカーイダがソ連と戦うのを支援していたけれど、状況が変わったら、今度はアルカーイダが敵になっている。つまり、あるとき正義だったものが、次には正義でなくなったということだ。そんなものは本当の正義とはいえない。それはたんなる人間の都合でしかない、と。

本当の正義とは人間がつくった法ではなく、自然法、人間の良心に基づく法であり、それが実現できる究極の法はイスラム法である、というのです。

自分は、時と場合の都合によって決められる偽物の正義ではなくて、本物の正義、真実の正義のために生きたい、と。それで、リビアに渡ったそうです。リビアには義勇兵志願者を募る組織があり、自分はマリに行くと聞いていた。ところが、マリの状況が変わって行けなくなったそうです。これは、たぶんフランス軍が展開したからだと思います。そのため急遽、シリアに行くことになったようです。本人としては、マリでもシリアでもどこでもいいと思っていたそうです。

つまり、シリアのアサド政権を倒さなければ、という意識でやってきたわけではまったくなく、どこでもいいからイスラムの正義のために生きたいと思い、やってきたわけです。

私は、「米国はアサド政権を倒したいといっているが、協力できないのか」と聞きました（まだ米国がシリアを空爆することが予定もされていなかった時期です）。答えは「それは許されていない」というものでした。

「イスラム教徒は、それぞれ別の場所にいても体は一つ。パレスチナやアフガニスタンでは、米国によってイスラム教徒が殺されている。その最中に、米国と手を結ぶということは許されていないのです」と。

「私たちは米国人を殺したいと思っているわけではないが、いま米国がナイフをイスラム教徒の体に突き入れている最中に手を結ぶなんて無理で、まずそのナイフを抜いてくれとわれわれは言いますよ」という言い方をしていました。

ラッパーも「中二病」も

――以上が四人会ったドイツ人の一人ですね。ほかのドイツ人はどうでしょうか。

常岡　二〇一四年九月にイスラム国に行ったとき、移民のドイツ国籍保持者ではなく、白人のドイツ人に会いました。白人のドイツ人がイスラム国に参加してイスラム教徒になり、ほかのむくつけきひげ面といっしょに、一人だけつるつるのひげのない顎で目立ちました。

黒人のドイツ人にも会いました。その人は「ディソ・ドッグ」と名乗っているラッパー。有名人です。インターネット上にディソ・ドッグのPV（プロモーションビデオ）がいっぱいあります。移民ですが、もとはイスラム教徒ではなく、ドイツで改宗した人です。

――いま、常岡さんは、その人の素性を明らかにしていますが、いいのでしょうか。

常岡　はい、もうヨーロッパで生きるつもりはないそうですから。

もう一人のドイツ人は、イスラム国ではなく、チェチェン人独立部隊に、IHH（イーハーハー）というトルコのNGOから紹介されて入った人でした。ドイツ民族の白人です。

この人の考え方は極端でした。「あなたの家族や兄弟は心配していませんか」という私の質問に、「あいつらはイスラム教徒ではない、カーフィル（異教徒）だ。だからもう縁を切った」と答えました。ドイツでイスラムに改宗したが、「それまではカーフィルのもとで働いていた。そうしたところでは二度と働かない」とも言っていました。

彼とは、今でもスカイプで連絡を取ることができます。私が日本に帰国した直後、連絡が来ました。「ドイツに帰りたいのだけど、どうすればいい」と。「司令官に相談するしかないだろう」といったら、相談して、帰国することになったそうです。

「もう二度と帰らないっていってたのにどうしたの」と聞いたところ、「じつは肝臓の病気で、ここでは医療が受けられない」と。それは最初からわかるはずです。彼は二〇歳代の前半でした。典型的な「中二病」（思春期に特徴的な背のびしがちな言動を揶揄する俗語）だと思いました。

兵士たちのくつろぎのひととき

――義勇兵というと怖いイメージがあります。

常岡　イスラム国やほかの反政府勢力は外国人ばかりですから、お互いに「君はどこから来たんだ？」と義勇兵たちが聞き合うのです。「中国の（新疆）ウイグル自治区だよ」「大変だったね」といったように。私にも何人かが、「君はどこの人？」と聞いてきました。「日本だよ」というと、「まじかよ」みたいな表情をして、驚くと同時にすごく喜ぶという反応にかならずなります。「日本人でイスラム教徒になったのか。すごい」という反応です。

――義勇兵が余暇を楽しむこともありましたか。

常岡　オマル司令官とエジプト人義勇兵グループといっしょに、イスラム国の首都ラッカでインターネットが使えるカフェにいって、みんなで食事しながら過ごしたりしました。

先に説明したように、イスラム国では、ローカルプロバイダーを禁止するという不可解な政策をやっているのですが、衛星インターネットのカフェだけは残っています。

オマル司令官自身は、フェイスブックが大好きですし、義勇兵たちもスマートフォンを持ち込んで、カフェの回線で、食事しながら故郷の友人や家族と交流しているさまは、普通の若者の姿でした。

そこは銃を持った世界中の義勇兵だらけでサロンのようになっていました。みんなで、カブサという鳥や羊の肉との炊き込みご飯を食べましたが、にぎやかで楽しい夕食でした。

国際社会が恐れるもの

――欧米を中心に国際社会は、義勇兵の存在を重大な脅威だとして恐れています。

常岡 国連の二〇一四年九月二四日の安全保障理事会（安保理）決議は、特別な決議でした。オバマ自身が議長になって異例の会議を開き、フランスや英国からも首脳をよびました。首脳級安保理という特別な会議で、各国から義勇兵をイスラム国に入れないようにしようと決議しました。人の移動を禁止する法律をつくれと要求したほど恐れているわけです。

――九・一一を実行したアルカーイダへの警戒心より大きいような印象さえ受けます。

常岡 私は、米国は勘違いしていると思います。まず、外国人義勇兵は、個々人が勝手に入ってきているだけではない。私が訪問したチェチェン人グループは、トルコの諜報機関が送り込んで、軍事支援までやっていました。それだけでなく、トルコ諜報機関は、アルカーイダ系の「ヌスラ戦線」にも相当な支援を出していました。

各国の思惑から、いわば、導かれて入ってきた義勇兵も多い。アフガニスタンのタリバンもパキスタンの諜報機関から支援されているといわれています。トルコ、サウジアラビアなど湾岸諸国はじめ周辺国が、シリアの各種武装勢力を支援する、あるいは欧米が「自由シリア軍」

を支援するというように、国際的な思惑のなかでシリア情勢は動いてきました。

たとえば、トルコの場合は、アサド政権と不倶戴天の関係にあり、「自由シリア軍」に対する支援も行っていますが、それだけではなく、別のグループをも支援しようとしています。

こうした動きのなかで、義勇兵が入ってきました。いまさら義勇兵だけを悪者にして規制しようとするのはおかしい、となります。

5

どう向きあうか

米国はイスラム国を「撲滅」するという。
はたして、それは可能なのか、また、それで「問題」は解決するのか。
失敗を重ねる米国、混迷を深める中東……。
そのなかにあって、
日本はどういう役割をはたすことができるのか。

シリアとトルコの国境付近で
有刺鉄線を前にたたずむシリア難民
［AFP＝時事］

現状を招いた責任はどこにあるのか

――常岡さんは二〇一三年一〇月にもイスラム国を取材していますね。その取材は日本のメディアではほとんど見向きもされませんでしたが、二〇一四年九月の取材は引く手あまたで、NHKを含むほとんどのテレビ局や多くの紙媒体で発表されました。イスラム国をめぐる状況がいかに急激に展開したかを物語っています。

常岡　急展開をもたらしたのは米国の動きでした。

まず二〇一四年八月八日、米国はイスラム国をターゲットに、イラク領内で空爆を開始しました。これは、イラクの米国の施設と人員に危険が迫ったこととヤジディ教徒の大量殺戮を阻止するという人道上の名分をかかげたもので、二〇一一年末に米軍がイラクからの撤兵を完了して以来初めての空爆でした。

この空爆で、イスラム国は米国と事実上の戦争状態に入りました。報復として、米国人の人質を処刑しました。

これに対して、シリアへの軍事介入をためらっていたオバマも消極策を転換、二〇一四年九月二三日からシリア領内でも空爆を始めました。

イスラム国は、米国と有志連合の国々のイスラム教徒に市民殺害などをよびかけ、米国だけでなく各国でテロ事件が起きています。

イラクでの空爆に参加したオーストラリアでは、無差別テロを計画したとして一五人が拘束されましたし、カナダでは一〇月はじめに政府がイラク空爆に参加を決定すると、イスラム教に改宗した男が、国会議事堂に侵入して警官らと銃撃戦の末に射殺される事件が起きました。米国では男が手斧で警官を襲撃する事件が連続しました。イスラム国との関係が証明されたわけではありませんが、一連の流れのなかで起きています。

――米国などの空爆によって、シリアとイラクの軍事情勢に変化は出ていますか。

常岡　イラクでの空爆でイスラム国の進撃を一部くい止めたとの情報がありますが、全体としてみれば、イスラム国の勢いを押しとどめることはできていません。

シリアでは、イスラム国は、トルコ国境に押し寄せ、要衝アル・アイン・アラブ（コバニ）というクルド人の町に猛攻をかけています。米国の空爆でも進撃を止められず、一〇月はじめの段階で、この周辺から一八万人の避難民がトルコに越境脱出しているという情報があります。

――イスラム国がまたたく間に強大化し、ここまで事態が重大になった原因は何でしょうか。

常岡　「米国に責任がある」という声があがっていますが、そういう言い方には一理あると思います。今の事態は、シリアで内戦が始まってこの四年、米国が何もしなかったことの結果だともいえるからです。

今、オバマ政権が、「イスラム国を過小評価していた」ということをいっていますが、そうではなく、シリア内戦自体を過小評価していた。アサド政権をそのままにして、何もしなくても大事にはならないだろうと、高をくくっていたのでしょう。

米国の失敗を指摘するならば、アサド政権が、すさまじい住民虐殺をつづけていたとき、すぐに介入して、立ちあがった反政府運動を効果的に支援しなかったこと。そして、問題解決をアサド政権の除去ではなく、「化学兵器*」の除去という筋違いな方向にもっていってアサド政権にお墨付きを与えてしまったこと、です。

＊シリア化学兵器問題…二〇一一年以降、内戦が続くシリアで使用された化学兵器をめぐる問題。二〇一三年三月、英国とフランスが「一二年八月以降、アサド政権が複数回にわたり化学兵器を使用している」との報告書を国連に提出。一三年四月、米国情報機関もアサド政権がサリンを使用した疑いが強いとの分析結果を公表。それまで軍事介入に消極的だったオバマ政権も「レッドライン（一線）を越えた」と、シリアに対する軍事行動を示唆した。しかし、ロシアは確たる証拠がないとして、軍事行動には強く反対し、アサド政権もサリン使用は反体制派によるものと反論した。その後、国連調査団が首都ダマスカス近郊を調査し、一三年八月二一

日に化学兵器が使用されたことを確認したが、政権側、反政府側のどちらが使用したのかは特定していない。米政府は独自の調査を行い、アサド政権による化学兵器の使用で少なくとも一四二九人が死亡したとの報告書を八月三〇日に公表した。しかし、米国の世論・議会は軍事介入に消極的で、英国でも議会が武力行使を否決した。九月にロシアがシリアの化学兵器を国際的な管理のもとで廃棄することとシリアが化学兵器禁止条約に加盟することを提案すると、米国も合意し、九月二七日、国連安保理はシリアに化学兵器廃棄を求める決議を全会一致で採択した。アサド政権がこの決議を受け入れる姿勢を示し、化学兵器・施設の査察・廃棄作業が進められた。

――はじめは「アサド政権を取り除かなくてはならない」という動きでした。

常岡　そうです。欧米各国は、もはやアサド政権には正当性がないと宣言し、国家承認を取り消して、大使館を閉鎖させました。そして、「自由シリア軍」を支える「シリア国民連合」を、シリア国民を代表する政府として承認しました。

アサド政権が任命した大使は国外退去になったままです。日本にあるシリア大使館も、大使は帰国させられて、「代理大使」と称する女性が一人います。

逆にアサド政権をサポートするのは、ロシア、イラン。あまり目立たないかたちでレバノンが支援し、イラク政府は、表立ってアサド支持とはいいませんが、実質的には最大の支援をしています。

中国は、政治的支援が主といわれています。北朝鮮はパイロットを提供したり、武器を密かに送っているなどの軍事的支援をしているともいわれています。

当初は、米国のリベラル派までが、これは軍事介入してアサド政権を取り除かないといけないという議論をしていました。

経緯を振り返ると、二〇一三年八月二一日にシリアの首都ダマスカス近郊で化学兵器を使った攻撃があり、米国はこれをアサド政権によるものだと断定しました。

米国は、化学兵器の使用を「レッドライン」（超えてはならない一線）としていたので、オバマ大統領は八月三一日、シリアに対する軍事介入を実施する方針であると正式に表明しました。ただ、オバマは大統領の独断ではやらないといいました。軍事介入に「議会の承認」を求めるとしたのです。法的には議会の承認は不要だったにもかかわらずです。議会は否決に傾いていましたから、はじめからオバマの本気度が問われていました。

そこにロシアのプーチン大統領が「シリアの化学兵器を国際管理下において廃棄させる」という提案をすると、本音では軍事介入を避けたいオバマはこれに飛びつきました。

——アサドはすぐに協力しますという態度を表明して、実際に化学兵器を提出しました。

常岡　九月に「アサド政権が一週間以内に化学兵器を申告し、来年半ばまでに国連主導で化学兵器の廃棄をめざす」という米ロ合意ができると、アサド政権はこれを「勝利」と称え、「これによって、シリアに対する戦争を求めていた人たちの口実は否定され、シリアに対する戦争は回避された」といって大喜びしました。

アサド政権と協力して、化学兵器をなくし、素晴らしい成果を上げました、とオバマは誇らしげに自画自賛の演説をしました。一方、アサド政権はこれでホッとしました。アサド政権は、化学兵器廃棄を国際社会と協力して行なうパートナーとなったことで、つぶすわけにはいきません。正統な政府として扱われたわけです。

「シリア問題」は、化学兵器除去で一件落着にされてしまいました。その結果、アサド政権を生き延びさせ、勢いを盛り返させたことがいまにつながっています。

米国が手を出さなかったのが悪いとはいえますが、何もできなかった最大の理由は、ロシアがアサド政権をつぶすのに大反対して助け舟を出したためですから、間違った対応をしたのは、国際社会というべきかもしれません。

ただ、いまの世界で、紛争解決など、国際秩序形成のためにイニシアチブをとって行動に移せるのは、実際問題として米国しかいません。結局、米国の責任が問われます。

ありえた選択肢──シリアへの軍事介入

──米国が軍事介入をやめたときに、日本では「戦争にならなくてよかった」と喜んだ人も多かったと思います。常岡さんは軍事介入せよという立場でしたか。

常岡　はい。私は、アサド政権を退場させるために米国と国際社会は早く軍事介入すべきだったと思います。いまでも軍事介入が必要だと思います。

アサド政権の強みは空軍力です。それを無効にする作戦が必要でした。

空軍力を使えなくすれば、アサド軍による空爆を阻止し、民衆を保護することができます。軍事的には地上における反政府勢力の戦いを大きく助けることになったでしょう。

アサド政権側が完全に制空権を握っている条件下でも、反政府勢力ががんばって七割の国土を解放しました。政府軍が空軍を使えないようにしたうえで、反体制派への軍事的支援を効果的に行えば、アサド政権を倒すことができたと思います。

リビア*では英仏両国のイニシアチブで、非常に早く軍事作戦が実行されました。

隣にあるチュニジアとエジプトで政権が倒れたのをみて、リビア民衆が反乱を起こしたのが二〇一一年二月末でした。カダフィ側はすぐに武力で弾圧するかまえで、悲惨な内戦が予想されたため、早くも三月一七日には、国連安保理で、リビア上空に飛行禁止空域を設定することや国際的な軍事介入を容認することを決議しています。結果、カダフィは航空戦力を使えず、逆にNATO軍がカダフィ軍に対して爆撃したり、トマホーク巡航ミサイルを発射したりして、反政府勢力を軍事的に支援し、八月下旬にはカダフィ政権は倒れました。沖合にはフランスと米国の空母が展開するという大規模な軍事作戦を国際社会は採用したのです。

シリアの反政府勢力も当然、何度も国際社会の介入を求めました。早くも二〇一一年九月には、シリア反体制派グループが、アサド政権による軍事攻撃から市民を保護するため、国連支援の飛行禁止区域設定や平和維持活動など国際介入を求めていました。

リビア以上の独裁政権なのだから、シリアにも軍事介入してくれ、と。ところが、米国はじめ国際社会の反応は鈍く、二〇一三年夏の化学兵器使用問題では、逆に国際社会がアサド政権を助けてしまいました。

***リビアの情勢**…二〇一一年二月一五日からのカダフィ大佐退陣を求める大規模なデモを暴力的に弾圧したことから内戦に発展。軍事的に劣勢の反政府勢力のリビア国民評議会が国際社会に介入を要請した。三月一七日、国連安保理に飛行禁止区域の設定と空爆の承認の決議がかけられた。カダフィを支持していたロシアや中国ももはやカダフィをかばいきれず、決議は可決された。米国は軍事介入には慎重で、フランスが主導権を取り、NATO主体の多国籍軍が空

からカダフィ政府軍への攻撃を行って、地上の反政府勢力の戦いを支援した。リビアに残る外交官たちを守るため、SASやGSG－9といった欧米の特殊部隊も派遣された。
　戦闘は膠着状態が続き、軍事行動に参加するNATO加盟国も一七ヵ国から七ヵ国まで減ったが、二〇一一年八月の反政府勢力の攻勢で首都トリポリが陥落、四〇年以上政権の座にあったカダフィ大佐の政権（大リビア・アラブ社会主義人民ジャマーヒリーヤ国）は崩壊した。身を隠したカダフィは一〇月二〇日に身柄を拘束され死亡。一〇月二三日に国民評議会によりリビア全土の解放が宣言され、内戦は反カダフィ勢力の勝利に終わった。しかし、その後、反政府勢力は分裂し互いに対立、衝突を繰り返して再び内戦状態になっている。

対イスラム国爆撃で高まる「反米」

――シリアの人びとはこれをどのようにみていましたか。

常岡　「裏切られた」と憤っています。「化学兵器はだめですが、通常兵器はどうぞ使ってください」とアサド政権にいって、虐殺にお墨付きを与えたようなものです。実際、アサド軍は、樽爆弾などを使って空から民間人を殺しつづけています。

――米国は二〇一四年九月、有志国連合によるイスラム国への空爆というかたちで、ついにシリアに軍事介入しました。

常岡　これによって、いまシリア人が反米化しています。今までいちばん親米だったはずの「自由シリア軍」までが反米になっています。

私が二〇一一年からフォローしている「自由シリア軍」系の「シリアンレボリューション2011」というフェイスブックのアカウントは、いっせいに反米に転じました。これは、反アサド運動が始まった二〇一一年からデモの情報交換に使われてきた純粋な「自由シリア軍」のフェイスブックのアカウントです。民主主義を志向して、反米色もイスラム色もまったくなく、これまではイスラム国を批判してきました。それがいま、米国は「アサドと手を組んだ」「アサド政権と完全に共謀している」という意見ばかりです。

――「自由シリア軍」はイスラム国と激しく戦ってきたけれども、そのイスラム国を米国が叩くのを歓迎するわけではないのですね。

常岡　一つは、いちばん悪い奴を見過ごしているぞ、ということです。イスラム国はひどいけど、アサドはもっとひどい、と。

イスラム国については、二〇一四年一〇月二日に国連が報告書を出しました。そのなかで、処刑や誘拐などの人権侵害行為を激しく非難し、『イスラム国』をめぐる戦闘で二〇一四年一月から九月末までに殺害された市民が、少なくとも九三四七人に上った」と数字を出しました。これはイラク側のデータです。じつはシリア側はずっと少ない。*

一方、アサド政権は、イスラム国とは桁違いの、およそ二〇万人を殺したといわれています。だから、米国は敵を間違えているのではないかという反発が、シリアの反政府運動の中にあります。

***アサド政権とイスラム国による犠牲者**…アサド政権による民間人殺害が圧倒的に多いことは最近の調査にもはっきり現れている。民間人犠牲者数は、政府軍による死者とイスラム国によるそれは、およそ三〇対一の割合である。

政治的に中立の人権NPO「シリア人権ネットワーク」は、二〇一四年一〇月一ヵ月間の犠牲者を以下のように集計している（なお、政府軍とイスラム国軍はネットワークの調査を拒否しているため、ここには政府軍とイスラム国軍の戦闘員の死者を含んでいない）。

一〇月の犠牲者総数一九八七人。

【政府軍により殺害された人数】民間人が一二三一人（うち子どもが二一六人、女性が一二一人以上、拷問死が一一八人）。殺害した反政府軍戦闘員は四九二人以上。

【イスラム国の軍隊により殺害された人数】民間人が三九人（うち子ども、女性が各一人）。

【その他の反政府武装グループにより殺害された人数】民間人四三人（うち子ども一七人、女性一人）／戦闘員一一人。
【殺害したグループがわからない人数】一二四人。

――シリア問題とはそもそも何だったのか、基本を忘れるな、というわけですね。

常岡　「自由シリア軍」にとっては、米国の空爆で「友軍」がやられ、軍事的にもダメージを被ることになりました。
二〇一四年九月二三日に米国の有志連合がシリアを初めて空爆しました。発表によれば、攻撃したのはイスラム国だけではありません。「ヌスラ戦線」も攻撃した。それに、「ホラサン」*という私自身、聞いたことがないグループをも攻撃しています。

＊**ホラサン**…二〇一四年九月二三日に、米軍がシリア領内で実施した空爆の対象に、これまでほとんど存在が知られていなかったアルカーイダ系過激派組織「ホラサン」（Khorasan）が含まれていたことが発表され、一躍注目を浴びた。米国防総省は、「ホラサン」が、米国本土への「差し迫った」テロ攻撃を計画していたことが爆撃の理由で、シリアに向けて発射された四〇発以上のトマホークのうちの大半が、アレッポ近くにあるホラサンの潜伏先や訓練施設を標的にしたものだったと発表している。米国とアラブ五ヵ国はこのほか、イスラム国の一四の目標物

に対し空爆を行った。米高官によると、ホラサンに対する攻撃は、脅威を増すイスラム国への対抗策とは別の問題として、長きにわたって検討されていたという。

――「ホラサン」というのは？

常岡　ＣＩＡが、「ホラサンの米国に対するテロは最終段階に入っていた」といっていますが、どうも情報源がイラク政府のようで、私は、真に受けていいかどうかかなり疑問に感じています。この「ホラサン」は「ヌスラ戦線」と協力関係にあるようです。「ヌスラ戦線」は、イスラム国の最大のライバルで、いまは「自由シリア軍」をよく助けてくれる「友軍」です。だから、「自由シリア軍」は、「米国は、反体制派をつぶそうとしているのだろう。次は『自由シリア軍』を標的にするのではないか」といっています。

結局、米国は、アサド政権に指一本触れないまま、イスラム国を叩いた、さらに「ヌスラ戦線」「ホラサン」という友軍をも叩いた。それで、米国は裏切り者だ、と「自由シリア軍」から批判されているわけです。

――イスラム国への空爆で、アサド政権側には、どういう影響がありますか。

常岡　アサド政権は大喜びです。事実上の援軍がやってきたわけです。いままでアサド政権がイスラム国を空爆していましたが、米国と同じ空域に戦闘機を出すとまずいことになるかもしれないので、イスラム国以外のところに空爆を切り替えるなどして、作戦を効率化しています。

米国の「転換」の背景

——シリアへの軍事介入を控えてきた米国が、ここにきて大きく転換したわけですね。

常岡　二〇一三年の化学兵器問題のときは、シリアへの軍事介入には議会の決議が必要といっていたオバマ大統領ですが、今回は議会の承認なしに、湾岸五ヵ国とともに空爆に踏み切りました。イラクですでに空爆をして、その延長であるということと、アサド政権支持のロシアもイランも反対しないため、シリア空爆自体は大きな障害なく実施できました。

急な転換の裏には、米国が情勢を読み間違えていたことがありました。オバマ大統領は、シリア空爆開始直後の二〇一四年九月二八日、CBSテレビの「60ミニッツ」という番組に出て、情報機関が、シリア情勢とイスラム国の脅威を過小評価していたと認めました。その一方で、イラク政府の治安部隊の力を過大評価していたとも言っています。

オバマ大統領は、二〇一四年一月には米誌『ニューヨーカー』で、イスラム国をプロバスケットボールの「二軍チーム」にたとえ、国際テロ組織アルカーイダと違い、「地域での権力闘争」をしているにすぎないといっていましたが、その認識を転換しました。

――二〇一四年になって、イスラム国はイラクの油田を次々に手に入れ、モスルという大都市も落としました。イラクが危なくなったという事情が転換をもたらしたのですか。

常岡　はい。オバマは、アフガニスタン、イラクの戦争を収拾するといって大統領になりました。二〇一一年暮れに米軍はイラクから完全撤収してイラク戦争の終結をオバマ大統領が宣言しました。だから、イラクは米軍なしでうまくいってもらわないと困るわけです。

オバマは、二〇一三年九月の国連総会での演説でも、イラクからの米軍撤収をあげて、「世界は五年前よりも安定している」といっていました。イラクが安定していてほしいという願望が、情勢の読み間違いを招いたのではないかと思います。

――空爆で状況を変えるのはむずかしいのでしょうか。

常岡　米国はイラク戦争で懲りていますから、オバマ大統領も地上軍を入れることはきっぱり否定しています。だから当面は空爆だけですが、これはイスラム国の進撃速度を遅くするくらいはできるかもしれません。しかし、大きく戦況を変えることは無理でしょう。まず、イスラム国はもともとゲリラ（非正規軍、民兵集団）ですから、軍事施設をやられたとしても大したことありませんし、町に入れば住民と区別できません。実際、イスラム国の勢いは弱まっていません。

米国は空爆だけで、地上軍は出さないといっています。地上でイスラム国と戦ってほしいと米国が期待するのが、イラクでは中央政府とクルド人勢力、シリアでは「自由シリア軍」の三つです。

これらをバックアップして、空爆と連動するかたちでイスラム国を抑え込み、ひいては両国を「安定化」したいというのがねらいでしょう。

でも、期待される組織は三つとも問題があります。イラク中央政府の治安部隊は、モスルでイスラム国とまともに戦わずに逃げてしまったというほど、ひどくてまともな軍隊とはいえません。そもそも政府に国民全体への権威も求心力もありません。それを確立することが必要になります。

クルド人については、彼らに力を与え過ぎると、独立機運をあおって、イラクが崩壊してしまうという懸念から、欧米は支援に及び腰です。戦車や重火器をたくさん備えたイスラム国に対抗するうえで、クルドにとっていちばん効果的な武器がスナイパーライフルです。ところが、クルド取材をしたジャーナリストからは、クルドの部隊が、「スナイパーライフルもない」といっていると聞きました。

「自由シリア軍」は初期に比べて戦闘力を減退させているうえ、欧米は、そのなかにイスラム過激派が入り込んでいるのでは、と警戒しています。実際、組織内では反米ムードが強まっています。そして、米国が「友軍」を攻撃するという中で軍事作戦を行わざるをえない。

これらの勢力の戦闘力を強化し、米国に協力させるには、もし成功するとしても長い時間がかかるでしょう。

たとえば、イスラム国がイラクのスンニ派地域で一定の支持を受けるのは、マリキ政権がシーア派偏重で、ファルージャなどで「過激派掃討」を名目に、無差別攻撃を繰り返し、スンニ派一般市民を殺戮しているからです。ですから米国は、二〇一四年八月にマリキを退陣させ、新政府には国民和解の政策をとるよう要求しています。こうした政治改革を行い、中央政府にカツを入れることからやらなくてはならないのですが、それもまったく現実的ではありません。

そもそも、アサド政権をそのままにして、地域の安定などは無理です。どこからみても、米国のねらいは実現困難だと思います。

迷走する「テロとの戦い」

――オバマ大統領は、イスラム国を「撲滅する」と宣言します。イスラム国をがん細胞になぞらえ、「中東にがんが広がらないように摘出すべきだ」とも言いました。なぜイスラム国を「撲滅」しなくてはならないのでしょう。

常岡　オバマ大統領が強調しているのは、「テロのセンターになってしまった」ということです。これについては、本気で言っているのか、建前で言っているのかが、私もわからないところがあります。

というのは、イスラム国は、今回、米国がイラク空爆を始めるまで、一度も米国を攻撃するといっていないし、世界中に米国を攻撃せよと扇動したりしていなかった。意外かもしれませんが、イスラム国は反米ではありませんでした。

英語圏のアナリストたちも、イスラム国について、「欧米への攻撃にほとんど関心を持っていないのが特色の過激派組織」と分析してきたのです。

一方、オバマ大統領は、就任したその日に、「米国は、もはや『テロとの戦い』という言葉を使わない」と宣言しました。これは、ブッシュ大統領のやり方を踏襲しないという宣言で、実際に、民主党政権は、テロとの戦いという言葉を使うことをやめていました。右派的なメディアやヒューマン・ライツ・ウォッチなどの人権団体が勝手に使いつづけるという状況でした。

そのままだったら、米国とイスラム国の戦争は考えられません。しかし、ここに来て、米国は「テロとの戦い」をもう一度使い始めています。

米国は右往左往していると思います。いまのイスラム国に対する政策が、きちんと分析され、将来まで見据えて計画的に進められているとはまったく思えません。場当たり的に「これはまずい」と突然CIAが言い出したことに対応しているとしか思えない。完全に迷える米国になっていると思います。


――シリアでの空爆のターゲットもイスラム国だけではありませんでした。


常岡　イスラム国といっしょに、それと戦っている「ヌスラ戦線」や「ホラサン」を爆撃したことからわかるように、米国はいわゆるイスラム過激派全般をやっつけるという方針なのです。

でも、イスラム過激派をテロ勢力として排除しても、イラク、シリアひいては中東が安定化するということにはまったくならないのです。

「自由シリア軍」を支援すると米国はいいますが、「自由シリア軍」は「ヌスラ戦線」に助けてもらい戦っています。さらに言うと、「ヌスラ戦線」ももともと反米ではない。リアルに現地情勢をみると、米国がやっていることは無理があります。

大きな判断ミスがつづいて、米国は泥沼に足を踏みいれたように思います。最初はアサド政権を延命させたこと、そしてその結果、出てきたイスラム国と戦争状態に入ったこと。これで、もともとは反米でなかったイスラム国はいま、米国人の人質を処刑し、「米国とそれに追随する国を攻撃しろ」と世界中によびかけています。これからあらゆる方法で米国はじめイスラム国に敵対する国への攻撃を追及するでしょう。

イスラム国の「反米」スイッチを入れてしまった。米国がわざわざ「反米」に仕向けているのです。

「反米」の構造

——空爆は、住民の被害と避難民の流出を加速させます。それがまた反米を強めることになりますか。

常岡——いくら米国が注意しても民間人の被害は当然出るでしょうし、空爆を避ける避難民も出ると思います。ただ、よく言われる「誤爆で一般市民に被害が出るから反米感情が高まる」というのは誤解だと思います。

アフガニスタンでもイラクでも、誤爆も「正爆」もなく、爆弾を降らせれば反米になるし、銃を持った米国の兵隊が入ってきたら反米になります。

――では、どうして、イラクで反米闘争が生まれたのでしょうか。

常岡　米国が攻撃してきたからです。

――そこはよくわからないのですが、米国が独裁者サダム・フセインを倒したときは感謝されたのではないですか。サダムの銅像を倒して市民が喜んでいる映像が流れました。

常岡　市民は本当に米軍を歓迎しているなと私も思いました。

――そこからなぜ反米になっていくのでしょうか。たとえば、米兵の誤射で家族に犠牲者が出て反米になっていくならわかる。また、サダム・フセインが倒れたあとに登場した米国の息のかかった政権がうまくいかなかったから反米闘争になった、という理屈であれば理解できるのですが。

常岡　いいえ、違います。市民に犠牲が出るか出ないか、サダムのあとの政権がうまくいくかどうかには関わりなく、かなり早いうちから米国に対する抵抗運動は出てきていました。

アフガニスタンでも同じです。イラクでサダム・フセインが嫌われていたのと同じように、アフガニスタンでタリバンはすごく嫌われていました。ところが、米国が攻撃してくるとタリバンは英雄に変わるのです。

アフガニスタンの場合は、米国が侵攻する前と後だと、侵攻前のほうが、数としてはたくさんの市民が死んでいました。米国が入って犠牲者は減っているのですが「反米」が出てくる。

タリバンは一度は米軍にやられて地方に追いやられましたが、次第に盛り返します。かつて敵としてタリバンと戦っていたグループまでもが、「今日からおれもタリバンになる」といって、反米組織に加わるということがいまも起こっています。

サダム・フセインはスンニ派ですが、スンニ派の間でも嫌われていました。ただ、それでも、実際に米国が攻め込んでくると、人びとは「米国と戦わないといけない」というかたちになるのです。これは、スンニだろうがシーアだろうが関係なく、イスラム教徒の習性のようなものです。

――シリアで米国が爆弾を降らせれば、自動的に反米感情が出てくるということでしょうか。

常岡｜たとえば、アルカーイダが殺されたら「いい気味だ」と思い、女・子どもが殺されたらけしからんと憤るのか。そうではなく、アルカーイダが殺されても、その人のために神に祈ったりします。

なぜ反米になるのか。ここには欧米社会、欧米メディアの大変な勘違いがあると思います。「汝に戦いを挑むものあれば、アッラーの道のために戦え」。これはコーランにある言葉で、イスラム圏に住む人は、どこかでかならず聞いたことがあるはずです。

――ということは、イスラムの国に、異教徒が、下手に手を出してはいけない。イスラムの土地にやってきて爆弾を落としたりしたら、もうそれだけで敵になるということですか。

常岡　イスラムでは、自分たちから戦争を仕掛けてはいけないのですが、だれかから戦争を仕掛けられた場合に、とくに、イスラムの地に、イスラムでない者、異教徒が仕掛けてくる場合にはイスラム世界を守らなければいけない。全イスラム教徒はそのために戦わなければいけない。これは、かなり穏健な人でも思っていることです。

私たちの常識からみて、納得できる理由があったとしても、イスラム教徒としては、目の前に爆弾が落ちてきていると、やはり戦わなければいけない。

――具体的に、シリアでは、その反米の構造、仕組みはどう働いていますか。

常岡　たとえば、米国の空爆で「ヌスラ戦線」も攻撃を受けましたが、そのあと、イスラム国と、その最大の敵だった「ヌスラ戦線」が同盟に動いています。

かつてソ連（ロシア）と中国が同じ社会主義陣営同士で戦争までして、長期間、仲直りしませんでした。路線の違いが仲直りを妨げました。

ところが、イスラムのなかで分裂し、敵対する勢力同士は、外部から攻撃されると、路線が違っていても仲直りします。たとえば、アフガニスタンの場合、ヒズビ・イスラミ*という組織はタリバンのライバルで激しく戦いました。ヒズビ・イスラミのボスの（グルブッディーン・）へクマティヤールはタリバンに追われて、イランに亡命していたのですが、いま、ヒズビ・イスラミは、タリバンの最大の同盟者になり、いっしょに米軍を攻撃しています。

イスラム圏では、異教徒から攻撃されるとイスラム教徒同士の戦いはどうでもよくなり、同盟して結びつくというケースがよくあります。イスラム国はイスラム世界でもひどく嫌われていますが、異教徒から攻撃されたという実績によって、逆に聖戦のヒーローになってしまうかもしれない。今まで嫌いだった人たちが、イスラム国のために命まで捨てて戦うなどという可能性があります。

＊ヒズビ・イスラミ…一九七八年、アフガニスタンに共産政権が成立すると、ムジャヒディン（イスラム聖戦士）とよばれるイスラム主義政治運動にもとづく抵抗組織が各地に登場し、ソ連軍の侵攻以降は激しい内戦となった。ムジャヒディンの傑出した司令官と言われたグルブッディーン・ヘクマティヤルが率いた組織が「ヒズビ・イスラミ」である。ソ連軍の撤退後は、

ヘクマティヤルは一時期首相をつとめるなど政治家としても活躍した。ヘクマティヤルは、タリバン政権時代はイランに亡命、米国のアフガニスタン侵攻には反対の立場を表明した。その後、「ヒズビ・イスラミ」は分裂し、一部は米国が後ろ盾の政権与党として閣僚を輩出したが、ヘクマティヤル派は反米闘争を続けているとされる。現在、タリバンにつぐ第二の武装勢力といわれている。二〇一〇年に、アフガニスタンで常岡を誘拐し、半年近く拘束したのは、「ヒズビ・イスラミ」から分裂して政権に参加した分派「ヒズビ・イスラミ・ムタッヒド」だった。

——米国の空爆は、米国の敵を一気に増やし、米国をターゲットに攻撃しようとする人たちを一気に増やしたということですね。

常岡　米国は、ヤジディ教徒を助けようという、空爆する理由がありました。その理由に、いくら説得力があったとしても、イスラム教徒たちは、「ヤジディがかわいそうだから、仕方がない」とは思ってくれません。異教徒から攻撃されると即、挑むべき相手として、士気が上がります。

——しかし、国際社会としてはほかに道があったのでしょうか。

常岡　米国が直接手を出さないという手はあったと思います。ヤジディはクルド人で、クルド人にはペシュメルガという武装組織があります。米国が支援してクルドにしっかりした自衛能力をつけさせ、直接手を出さないという方法です。

とにかく、米国や英国、異教徒がむき出しで向かっていったらだめです。

もし地上戦を戦えば

――空爆ではイスラム国を駆逐できない。オバマはいまのところ地上部隊は派遣しないといっていますが、地上戦へと展開する可能性はあるのでしょうか。

常岡　米国は二〇一四年一一月に米兵をイラクに追加派遣すると発表しました。この増派によりイラク駐留米軍人は最大三一〇〇人にまで増えるといわれています。いったん完全撤収したのに、情勢が安定化しない。戦闘ではなく治安のためといいながら派遣しています。

多くの米兵の命と膨大な戦費をかけたイラク戦争の成果は何としても守らなければならない。米国からすれば、イスラム国は、イラク政府に対する最大の脅威で、しかも国家を名乗ることで米国が考える国際秩序にも挑戦している、見過ごせない相手です。

これ以上、事態が深刻化すれば、イスラム国と戦う地上軍を投入せよという声は大きくなるでしょう。空爆でうまくいかないのは目に見えていますから。米国が地上軍派遣を迫られる可能性は小さくないでしょう。

――地上戦になった場合、どうなると思いますか。

常岡｜結論からいうと、地上軍を派遣しても事態を好転させることは無理だと思います。米国は、地上軍を派遣した作戦をアフガニスタンでもイラクでも行いました。イラクは負けなかったかたちにしていったん撤退しましたが、いまはイスラム国の問題でめちゃめちゃになっています。アフガニスタンは、タリバンに完全に負けた状態でいま撤退を進めています。勝った試しがありません。

米国が地上軍を派遣した場合、制空権を確保しながら、トルコ側からシリアに入り、イスラム国首都のラッカはじめ主要な町を攻略することは簡単にできると思います。

しかし、イスラム国はもともとイラクでゲリラ戦を続けてきた経験があります。その状態に戻るだけだと思います。イラクのゲリラ戦に米軍はかなり手こずり、アフガニスタンよりも多く死傷者を出しました。それをイラクとシリア両方でやることになる。

イラクでは、以前、「覚醒評議会」というスンニ派の地元民が政府側についてイスラム国の前身と戦いましたが、今は地元民もイスラム国に協力しているようです。外国からの義勇兵の数といったら、かつての比ではないような状態になっていますので、米国にとっては、前よりずっと難しい局面に陥るだろうと思います。

またシリアで、アサド政権と戦ってきたさまざまな反政府勢力は、次つぎと反米化していくでしょう。地上軍派遣で、さらに、本来は米国にとってまったく脅威でないものも脅威にしてしまう。米国の地上軍は、信頼できる友軍がいないという恐ろしい状態で戦うしかないことになります。

――アフガニスタン、イラクときて、こんどシリアでまた大失敗ですか。

常岡｜いま米国は、アフガニスタン、イラクの二つの戦争の痛手を負っています。そこに今度また、大失敗したら、米国の力は決定的に削がれて、超大国の地位から転げ落ちるのではないかと思います。私は、個人的には米国にダメになってほしくないので、最悪の結末にならないよう祈っています。ただ、正直、もう手遅れではないかとも思いますが。

米国の自衛戦争

――米国は、今回のイスラム国への攻撃は「自衛戦争」だと宣言しています。

常岡　そうです。まず一つは、これは、集団的自衛権であると。イラク政府がイスラム国に攻撃されているので、そこから要請されて、われわれが乗っかる、というのが一つ。
　あともう一つは、テロの脅威があるから、これは個別的自衛権の発動である、と。集団的自衛権と個別的自衛権の両方の自衛戦争であるという理屈をつけています。

――いま日本で集団的自衛権の行使はできると安倍政権が言っていますが、こうして集団的自衛権で簡単に戦争が始まってしまうと、集団的自衛権の危険性が再認識させられます。

常岡　その通りです。イラクの政府を助けるという大義名分のもと、米国が危険に直面するはめになる。イラク戦争の「成果」を守らないといけないですから。
　二番目の、米国がテロの脅威に直面するからというのは、完全なフィクションです。実際に、イスラム国は、もとは一遍も、「米国を攻撃する」と言っていなかったわけです。それでも、米国の大統領の頭の中で、「こいつらは危ない」と思えば、自衛権が発動できるということになる。どんな戦争でもやれるようになっています。

――国連安保理の決議がない段階で、戦争行為を行うのは、国際法違反だとの批判もありました。

常岡　ロシアや中国は、安保理決議がないといって、米国の空爆を批判しました。しかし、それ以上の抗議をするでもなく、実質的には黙認です。

国際法違反であれ、何であれ、いま、国際社会は、イスラム国への米国の攻撃を黙認しています。だいたい、国連安保理決議が出て始まっている戦争は、ほとんどありません。いかに国際法と国連が意味を失ってしまったかを示しています。

実質的な解決が大事で、国際法との整合性は最後に考えればよいというのが私の立場です。問題は、この米国の攻撃で、何かが解決する展望が一切ないことです。

イスラム国対策ではなくて、アサド政権対策が大事なのに、まったくない。

――米国の自衛権発動は、アサド政権に関してはどうなりますか。

常岡　アサド政権の言い分は、本来はわれわれが米国に依頼しないと集団的自衛権の発動にならない、それに、あくまでも主権国家なので、われわれの許可なしに爆撃してはいけないというものです。

しかし、米国が事前に通告してきたので、黙認しています。最初、アサド政権が攻撃に反対したのは、どさくさに紛れて自分たちも攻撃されるのではないかと恐れたからです。事前に通告された時点で、自分たちは攻撃されないことが保証されたとわかり、態度を改めました。

アサド政権にとっては、攻撃されないという前提で、自分たちの攻撃作戦を効率的に練り直しています。イスラム国への空爆は米国に任せて、余った戦力を振り分けることができました。そうして空爆を集中させたバグダッド周辺では、反政府勢力が次つぎにやられて拠点を失っているという情報があります。

取り除かなければならないのはどちらですか。イスラム国ですか、アサド政権ですか。この問いを、シリアの民衆から、国際社会はずっと突きつけられてきたわけです。それに対して「イスラム国です」と答えつつあるのが現在です。

いま、国際社会は、アサド政権に対する非難すらほとんどしていません。塩素ガスを使った毒ガス攻撃を行っているということを、(ジョン・)ケリー米国務長官がちょっと言っただけです。

米国が「反米」を製造した

――米国が自衛権であげているテロの脅威はフィクションだと常岡さんは言いますが、義勇兵にテロリストはいないのでしょうか。

常岡 先ほど言ったようにイスラム国はもとは反米でも何でもなかった。そこに集まってくる義勇兵にどのような人物がいるか、先ほど、私の個人的に見聞きしたことを言いましたが、そこにも強烈な反米とか、自爆テロをしてやろうなどという人はほとんどいない。たとえば、チェチェン人などは、ロシアに対する憎しみこそあれ、米国に悪い印象は持っていないのです。

――米国は、世界から義勇兵がイスラム国に行くことがテロの拡散になるといっています。

常岡　米国がシリア空爆をしたのが二〇一四年九月二三日。翌九月二四日には国連の安保理（安全保障理事会）で、お互い若者をイスラム国に入れないようにする、人とお金の移動を禁止する法律をつくるよう要求することを決議しました。

オバマがいちばん恐れていることは、イスラム国に出入りする人たちが拡散してテロ、とくに米国でテロを起こすことのようです。

ここで、米国は勘違いしていると思います。義勇兵たちは、シリアに家族までよびよせて暮らそうとしているわけです。現地でローカルに戦っているかぎり、米国など海外に危害は加えないはずでしょう。逆に、その人たちを攻撃すれば、欧米の国に戻っていく、むしろ危なくなる。それに米国がシリアを攻撃すれば、もともと反米ではなかった義勇兵が、反米になります。米国自身が反米テロリストを製造しているのです。

この夏からイスラム国は米国と戦争状態に入ってしまいました。米国は公式に戦争を宣言し、イスラム国は米国とその追随国を攻撃せよ、市民を殺せとイスラム教徒によび掛けています。

その結果、各国でテロと見られる事件が起きています。残念ですが、もう遅い。この流れをすぐに変えるのは無理でしょう。

拡散するテロの行方

――「もう遅い」とはショックですが、今後どういうテロが起こりえると思いますか。

常岡　いま特徴的なのは、イスラム国が、世界各地のイスラム急進派の組織に対して、急速に求心力を持ってきたことです。カリフを戴くイスラムの国を名乗っていることもあり、この求心力は、最盛期のアルカーイダ以上です。

「アブサヤフ」はフィリピン南部のスールー諸島を拠点としてフィリピンからの分離独立闘争を四〇年以上続ける組織ですが、最高幹部がイスラム国のカリフ、バグダディに忠誠を誓うと表明しています。まずは、こういう各地の武装組織の動きが要警戒です。

先ほどふれましたが、「ぶどうの房」状組織という表現があります。イスラム過激派は、基本的に勝手連のようなものです。組織、資金のしっかりした関係で結びついているわけではなく、たとえば「反米」で共鳴しあいながら、具体的な行動はそれぞれが勝手に決めて実行する。

なかには、自分たちを大きく見せるため、あるいは注目を集めるために、イスラム国の名前を利用して、テロを行うというグループも出てくるでしょう。

イスラム国がここまで成功を収めることができたのは、イラク、シリアという二つの国が、国際社会の間違った対応もあり、完全な「破綻国家」になってしまったという特殊な条件があってのことです。

この周辺で、まともに中央政府が機能して統治している国、たとえば隣国のトルコやヨルダンにイスラム国が広がることはありません。国境を越えて、平面的に横に拡大する可能性はありません。

ただ、イスラム国は、実態よりも理念が先行していて、カリフ制の理想に共鳴するグループが、アフリカのどこかにいたり、アジアのどこかにいたりと、世界各地にいます。

実際、二〇一四年九月下旬には、アルジェリアで、「カリフの兵士」という武装組織がフランス人を斬首して処刑しました。これは、フランスがイラクのイスラム国を爆撃したことへの報復だというのです。また、西洋式の教育を拒否するナイジェリアの過激派「ボコ・ハラム」が「イスラム国の一部である」と宣言しています。そうしたかたちで、世界のどこかで突然イスラム国を宣言することが、今後あるのではないかと思います。

社会が不安定で過激派が付け入る隙がある場所で、そういう事態が生じる可能性がある。世界的に「飛び火」するかたちで広がるのではないかと思います。

――もちろん、米国その他の国々への直接のテロの脅威もありますね。

常岡　イスラム国は、米国など有志国の市民を殺せとイスラム教徒に指示していますから、個々人が暴発するような事件は起きるでしょうね。

テロ組織、テロリストとしてまったくマークしてこなかったものが、米国、あるいは米国の側に立つ国に敵意を向けるようになるでしょう。

米国・失敗のスパイラル

――米国がやっている対イスラム国との戦争という政策。これは国際社会が黙認しているので、米国と国際社会といってもいいですが、この政策をどう評価しますか。

常岡　米国は、アサド政権をどうするかの対応を無視し、イスラム国にすべての問題と罪をかぶせて撲滅しようと戦争をしかけています。

イラク戦争と同じく、この戦争に突っ込んだこと自体が間違いだと思います。

イラク戦争では、サダム・フセインが大量破壊兵器を持っているという基本的な情報がまったく違っていた。この間ずっと、米国の情報機関は分析を間違えつづけてきたわけで、今回もそうではないかと、私は思っています。結果は、米国の政策が全部裏目に出るかたちの大失敗に終わるだろうと思います。

――常岡さんは、アサド政権とイスラム国、これは両方ともつぶすべきだと考えていますか。

常岡　私の立場というより、実現可能性の問題としてお答えします。

アサド政権は、受益者や支持している人たちはいますけども、つぶすことは可能です。でも、イスラム国はつぶせません。イスラム国やアルカーイダなどは、つぶしても、その一〇倍ぐらいのものがどこかから湧いて出てくるような存在です。

米国はイスラム国を「撲滅する」と言っていますが、絶対に無理だと思います。アフガニスタンで「タリバンを壊滅する」といっていましたが、これもできなかったばかりか、いまやタリバンはさらに勢力を増大させています。

イスラム国の撲滅などというのは、それよりもさらに不可能なことです。

――米国は大失敗に終わると。それでどうなるでしょう。

常岡　私は、米国の経済はこれで破綻しかねないと思います。米国は、ただでさえアフガニスタンとイラクの戦争を通じて弱体化しているところに来て、再び、勝利の展望もなく、戦費を無駄に使わされ、泥沼の消耗戦に陥ることになるでしょうから、これで米国は世界帝国的な地位から完全に引きずりおろされるのではないかと思います。

九・一一事件で三〇〇〇人の命が失われたことの報復のために、あるいは再発防止のためにアフガニスタンに侵攻し、もっとたくさんの米国人の命を失い、それに費やしたお金が何兆円というように、やればやるほど米国は損をする。対テロ戦争といっていますが、テロ対策というのは、対策する側はとんでもないお金がかかるという意味で、一方的にテロをやる側が有利なのです。

そしていま、アフガニスタンもイラクもアルカーイダもまったく抑え込めていない。むしろ、イスラム国というもっとでかいものが出現してしまっている状態です。米国はいま、まったく先のない、失敗のスパイラルに陥っていると思います。

私は、米国が自滅することは世界にとっても、日本にとっても、マイナスが大きいと思うので、じつは、とても心配しています。

代案はあったのか

――暗澹たる未来が示されたわけですが、では、これ以外の道はあったのでしょうか。

常岡――シリアで反政府運動が燃え上がり、アサド政権が虐殺を続けていたとき、「早く、米国、入ってきてよ」という待望論がありました。私自身、「米国が介入すべきだ」と言ってきました。

介入したとすれば、米国は、地上部隊を送りたくないので、空からアサド軍を攻撃して、反政府勢力の地上部隊を支援するかたちになったでしょう。

もし、早めに反政府派がシリアを解放できたとしたら、イスラム国のような存在が出てくるにしても、あれだけ力を持つ時間的余裕は与えなかったでしょうね。

オバマ大統領が、そのタイミングを逃したわけです。アサド政権崩壊後、イスラム急進派の勢力が相当強くなったでしょうが、それでも、それはイスラム国ではない。イスラム国でないだけでも、米国にとっては今よりもましなはずです。

少なくとも、イスラム国によるヤジディ教徒などの住民虐殺は止められたと思います。そうなると、米国が空爆する必要もなかったでしょう、「たら、れば」ですが。

いまとなっては、すでにタイミングが遅すぎますし、米国の勘違いが続いています。

シリア解放の中心になるはずの「自由シリア軍」は、すっかり弱体化し、「ヌスラ戦線」ほか、イスラム急進派勢力に助けられている状態です。アサドを倒すにはいっしょに戦うしかない。それに対して米国は、「イスラム勢力は危ないから、縁を切れ。『自由シリア軍』は民主主義を志向するものだけでやれ」ということをいまだに言いつづけています。実際、「ヌスラ戦線」を空爆しています。「自由シリア軍」の最大の同盟者を米国の敵に回している。

米国は、イスラム急進派イコール「テロ組織」とみて、それを排除することを優先します。これでは、アサド政権に対する戦線の構築もできません。

日本のかかえるリスク

――米国にとって、この戦いは長引きそうですか。将来、米国から日本に、何らかの貢献をしろと要請がある可能性はありますか。

常岡　はい。間違いなく長い戦いに、しかもうまくいかない戦いになっていくでしょう。

米国内では、「空爆ではらちが明かないから、何とかしろ」という声がすでに大きくなっています。トルコにはイスラム国と戦う地上軍を出せという圧力がかかっているようです。日本にも当然、より積極的な協力をしろという要請が米国から来るでしょう。

――いま、イスラム国と戦う有志国連合には六〇ヵ国が加わっています。日本は軍事作戦には参加していませんが、支持国という立場でメンバーになっています。どういう立場なのか、おさらいします。

まず、二〇一四年九月二三日夜、米国がシリアでイスラム国への空爆を開始したことについて、安倍首相が、「シリア国内の空爆も事態の深刻化を食い止めるための措置だと理解している」。次に、訪米中、同行記者団に「首相は、『日本は、米国を含む国際社会のイスラム国に対する戦いを支持している』と表明。『イスラム国による攻撃を強く非難する』と述べ、人道支援などの貢献を行うという考えを示した」。

「これに先立ち、今度はエジプトのシシ大統領と会談し」、「『国際社会の深刻な脅威であるイスラム国が弱体化され、壊滅につながることを期待する』と語った」と。

「理解する」「支持する」「期待する」という言葉を使っています。

常岡　米国と有志連合の対イスラム国攻撃を日本は支持しているわけです。ここから、有志連合の作戦に加わって、日本も軍事的な貢献をせよといわれたときにどうするかです。憲法九条を盾に、「軍事的なものについては貢献が限定的です」と大っぴらにいえた時代と違い、大変な事態にまきこまれる可能性があると思います。

イラク戦争の際は、「イラク特措法*」をつくって自衛隊を派兵しましたが、表向きは「人道復興支援」で給水や医療支援をやりました。しかし、安倍内閣が、集団的自衛権を認めたいま、自衛隊を派遣して、より軍事的な役割を果たすという話も出てくるかと思います。

戦闘部隊を送るということは政治的にむずかしいと思いますが、兵站、後方支援とか、あるいは戦費を寄付するとか、軍事作戦のバックアップは十分考えられます。しかし、そうなると、日本もイスラム国から敵視されるでしょう。

資金援助や給油などであれば、現地に乗り込むわけではないので、シリアやイラクにいるイスラム国の勢力から直接攻撃を受ける可能性はありません。しかし、すでにフィリピンでドイツ人が捕まり、アフリカでフランス人が捕まるという現象が起こっています。日本人が活動する地域のイスラム国支持者が日本人に危害を加えるケースが考えられます。可能性が高いのは、イスラム教徒が多いインドネシアとフィリピンだと思います。

インドネシアは多くの日系企業もありますが、一方で世界最大のイスラム人口を持ち、イスラム国支持者の数も多くいます。そこで働いたり観光していたりする日本人がリスクにさらされることになるでしょう。

*イラク特措法…「イラクにおける人道復興支援活動及び安全確保支援活動の実施に関する特別措置法」。イラク戦争後のイラクの非戦闘地域で、積極的に人道復興支援活動・安全確保支援活動を行うことを目的とする特別措置法で、四年間の時限立法として二〇〇三年七月二六日未明に成立した。二〇〇七年七月の期限切れを二年延長し、二〇〇九年七月、延長期限切れで失効した。

国会審議では「戦闘地域」とそれ以外とをいかに分けるかが問題となった。政府は戦闘行為を国際的な武力紛争だとし、それは「国あるいは国に準ずるもの」間の武力行使であると答弁。また、小泉純一郎首相は「自衛隊がいるところが非戦闘地域」「どこが戦闘地域かなど私に分かるわけがない」という答弁を行った。今後、この法律の解釈、運用が自衛隊が内戦の〝戦場〟へ派遣される前例となると指摘する声がある。

中東で一番好かれる国

常岡――いま、日本のリスクについて語りましたが、私はこれまでの取材経験からみて、日本にはまだ望みがあると思っています。

まず、日本という国が、中東、イスラム圏でとてもユニークですばらしいポジションにあるからです。日本は、とにかく、非常に好かれています。この点は大事なところです。問題解決にむけての貢献を考えても、この恵まれたポジションを利用して、できることを探していくべきだと思います。

――これは、日本人が意外に知らない事実だと思います。私は、イランやリビアといった、米国からみた「問題国」を取材したことがありますが、どちらの国民にも日本が非常に好かれているのを知って驚きました。

常岡　イスラム圏の人は、不思議に思うほど、日本が好きです。イラクでもそうでした。現地の人から、「中国人？」と聞かれることがあります。「中国人？」と聞くときはしらっとした顔をしていますが、こちらが「日本人」と答えると、顔をほころばせて喜んでくれる。そして、「ソニー」「トヨタ」とかいってくる。そういうものをつくる「すごいやつらだ」という感じです。私はイスラム教徒ですが、どこでも「何、日本人がイスラム教徒になった。すばらしい」という反応をされました。

ところが、自衛隊がイラクに派遣された瞬間、雰囲気が変わりました。至るところで暴言というか、悪口を言われました。また、取材がとてもやりにくくなりました。自衛隊は戦闘しないで、飲み水をつくったりしていましたが、そういう細かいところは知られていません。あくまで、軍隊を派遣したことが問題になっていました。

今まであれだけ日本人というだけでやたら歓迎されていたのが、冷ややかになってしまいました。その変化は怖いくらいでした。


――当時、現地にいた常岡さんだからこそ言える言葉ですね。日本が好かれるのは、歴史的なしがらみがないことも関係するのでしょうか。欧米のように、あの地域を植民地化したことも、利害を持って介入したこともなければ、武器を売ったことすらない。


常岡――ヨーロッパとイスラム圏は、十字軍の時代からライバル同士でずっと争っていました。また近代では中東を植民地化したあげく、シリア、イラク、ヨルダンなどの国境を決めたのはサイクス・ピコ協定*です。ここは石油が出るからとか、英国やフランスがどうもうけるかを基準にして国境の線引きをしました。湾岸戦争もイラクとクウェートとの国境線が問題でした。

ヨーロッパがアラブ世界を分断したことが、いろんな紛争のもとになっている。さらには、英国によるイスラエルの建国もあります。

イスラム教徒がヨーロッパを見る目はとても複雑です。コンプレックスも敵意もあり、じつはあこがれもあるのです。そのためわだかまりもぬぐえません。

その点、日本は、先進国では、ほとんど唯一、手が汚れていない国です。それどころか、日本は、イスラム教徒が戦っていた敵、米国ともロシアとも、大戦争をやっています。

＊**サイクス・ピコ協定**…一九一六年、英・仏・露三国間で結ばれた秘密協定。英国代表のサイクスとフランス代表のピコが原案作成。オスマン帝国の領土を三国で分割し、それぞれの勢力範囲とパレスチナの国際管理化を定めた。この協定は、英国が中東のアラブ国家独立を約束したフサイン・マクマホン協定や英国がパレスチナにおけるユダヤ人居住地を明記したバルフォア宣言とならび、英国が相矛盾する三枚舌外交をしたとして批判された。
　サイクス・ピコ協定や以後の分割交渉による線引きにより、フランスの勢力範囲だったシリア地方からはレバノン、シリアが独立、英国の勢力範囲からはイラク、クウェートなどが独立した。地域によっては人工的に引かれた不自然な国境線となっている。この過程で、パレスチナ問題や、クルド人問題などこの地域に多くの問題を生じた。

――私が直接聞いた日本へのほめ言葉が、まさにそれでした。イランでは、「日露戦争でイランの敵でもあったロシアをよく打ち負かしてくれた」と、リビアでは、「ヒロシマ、ナガサキで米国から酷い目にあわされたのに、よく立ち直って、すごい」と。この賛辞には虚をつかれてとまどいました。

常岡　イスラム教徒の特徴の一つとして、世界のイスラム同胞の運命に関心が高いということがあります。中国ではウイグル族がこんな目に遭っている、インドのカシミールでだれが殺された、ビルマではロヒンギャがどうした、というのをみんな知っています。そして、至るところでイスラム教徒は迫害され、差別されているという被害者意識を持つ人が多い。

世界中でイスラム教徒がひどい目に遭っているのに、日本でイスラム教徒を殺したという話はまったく聞いたことがない、すばらしい、となるわけです。

日本発の希望を

――日本の中東でのポジションを利用して何ができるでしょうか。


常岡　私の経験からお話しします。

アフガニスタン戦争のとき、米国が日本に軍事オプションを要求してきました。自民党政権のときはインド洋上での給油活動をやりました。民主党政権になってこれをやめて、人道支援に切り替え、膨大な金額を提供しました。この人道支援を、あのタリバンが賞賛しています。しかも、日本を中立国として扱っているのです。米国に協力して人道支援をしているのに、「中立を評価する」といっています。

このことから、日本による人道支援に、大きな希望を持つようになりました。アルカーイダやイスラム国などの過激な勢力が伸ばしていく原因には、人びとの絶望があると思います。貧困、暴力、戦争などのどうしようもない状況で、だれも手を差し伸べてくれない、それなら、世の中を思いっきりひっくり返すやつら（過激派）に賭けてみようか、と。そういう絶望しかない状況から過激なものが芽生えてくるのです。

それを逆転させる方法としては、民衆が生き延びる希望をつくり出すことになります。これは軍事オプションではなく、民生支援・人道支援を徹底的にやることで、全体の流れを変えることです。そこに可能性があると思います。

――シリア全人口の半分近く、九〇〇万人が避難民になっている現状もあります。

常岡　難民は外国に出た人ですが、これはおよそ三〇〇万人。国内避難民を入れると国民の半数近くが自分の家に住んでいないという状態です。避難もできずに、反政府勢力の町にいまだにとどまっている人たちなどは、毎日「自分はきょうの樽爆弾で死ぬのか」と考えつづけるという、そういう生活です。こうした人びとも支援したいです。

私が言いたいのは、日本は、シリアの現地の人たちにアピールできるかたちの人道支援を展開すべきだということです。米国にアピールするのではなく、また、親米派だけが受益するのではなく、イスラム国の一般市民まで受益できるような人道支援ができたらいいのではないかと思います。

たとえば、あくまでたとえですが、イスラム国が、その支配地で人道援助活動を許可するとしたら、できるのはたぶん日本くらいです。

――ビルマ（ミャンマー）では半世紀にわたって民族紛争がつづいています。私は二十数年前から取材してきましたが、一昨年（二〇一三年）に驚くことがありました。少数民族の組織の代表が大挙して来日したんです。日本がミャンマー中央政府との仲介を買って出ているのです。日本が政府側の地域にも少数民族ゲリラの地域にも援助プロジェクトを行うという条件で、和平のテーブルにつかせようというのです。

常岡――そうした取り組みは一つのモデルケースになりえます。どちらとも敵にならない日本だからこそ可能な貢献です。

私は、アフガニスタンからタリバンと中央政府の両方を日本に招いて対話させるというプロジェクトに協力しています。同志社大学がやっているのですが、大学のキャンパスで、敵対する両者の幹部が直接対面して話し合ったのです。世界初の試みでした。これはタリバンからも評価される実績を日本が築いてきた結果です。

日本は、韓国、中国では嫌われていて、外交をやろうとしてもうまくいかないことがありますが、東南アジアを含めてそれより西では日本は大人気です。むしろ日本に絡んでほしい、関与してほしいと思っている国がほとんどという状態になっています。チャンスはいっぱいあると思います。

――中東で日本が援助を行うとき、日本と米国の同盟関係は障害になりませんか。

常岡　日本が米国との同盟国であるということは、中東のだれもが知っています。でも、同盟国だから恨まれるということには、なっていない。イラクに日本が自衛隊を派遣した時点では、現地でものすごく評判が悪くなりましたが、いまもう、それは許してもらえている状態になっているようで、日本は再び、あの地域ではいちばん人気のある国になることができています。

米国の同盟国ということは、米国に意見できる立場でもあります。同盟国でありながら紛争地で民生支援をしっかりやる、敵対する勢力にまでそれを評価させるということをめざしてほしい。

いま、米国はイスラム国を「撲滅する」といっていますが、戦ってもかなわないとわかって、日本の仲介を必要とするときがやってくると思います。

そのときは、日本から希望が発せられることになるでしょう。

イスラム国年表

二〇〇四年一〇月……「イラクの聖戦アルカーイダ」設立（「タウヒードとジハード集団」が改称）

一〇月二七日……「イラクの聖戦アルカーイダ」が、日本人旅行者、香田証生さんの拘束を発表。イラクからの自衛隊の撤退を要求するが日本政府は拒否。二日後、香田さん殺害

二〇〇六年五月……イラクでマリキ政権発足

一〇月……「イラクの聖戦アルカーイダ」が「イラク・イスラム国」の創設を宣言

二〇一〇年四月……「イラク・イスラム国」指導者の戦死後、アブ・バクル・バグダディが後継指導者になる

二〇一一年二月……チュニジアで政権倒れる

三月……シリアでアサド政権に反対するデモ始まる

五月……アルカーイダのオサマ・ビン・ラディン、米特殊部隊に殺害される

一二月……米軍、イラクから撤収完了

二〇一二年一月……「イラク・イスラム国」出身のジャウラーニーがシリアで「ヌスラ戦線」設立

二〇一三年三月……英国とフランスがアサド政権による化学兵器の使用を国連に報告

四月……「イラク・イスラム国」が「ヌスラ戦線」を吸収・併合し「イラクとシャームのイスラム国」ＩＳＩＳを創設すると宣言。「ヌスラ戦線」指導者のジャウラーニーは併合を拒否、分裂へ。

八月三一日……オバマ米大統領、「シリアでの化学兵器の使用はレッドライン」だとして軍事介入を表明

九月二七日……国連安保理はシリアに化学兵器廃棄を求める決議を全会一致で採択。

二〇一四年二月……アルカーイダがＩＳＩＳとの関係を断絶

六月一〇日……ＩＳＩＳがモスルを占拠、翌一一日にティクリートを占拠

六月二九日……バグダディをカリフとする「イスラム国」の樹立を宣言

六月三〇日……米国防総省、イラクに三〇〇人の追加派兵を発表（目的は、米国大使館、バグダッド空港の治安確保とイラク治安部隊への支援のため）

七月……「イスラム国」、シリア最大のアル・オマル油田（日産七万五〇〇〇バレル）を攻略

八月五日……アルジャジーラ、イスラム国がイラク北部シンジャルを制圧し、ヤジディ教徒三～五万人が山に逃げ込み生命の危険にさらされていると報道。大量の避難民が発生

八月八日……米国、米国人保護と少数派のジェノサイド阻止のため、イラクで「イスラム国」に限定空爆

八月一五日……国連安保理、決議二一七〇号を全会一致で可決。イスラム国や「ヌスラ戦線」などアルカーイダ系組織にテロや殺戮の即時停止、武装解除を要求し、すべての国連加盟国にテロ抑止、資金援助な阻止などに必要なあらゆる措置を講じるよう求める

八月一七日……湯川遥菜さん、イスラム国に拘束された映像が流れる

八月一九日……米国人ジャーナリスト、フォーリー氏（二〇一二年からシリアで行方不明）の処刑映像が流れる

九月二日……米国人ジャーナリスト、ソトロフ氏の処刑映像が流れる

九月八日……イラクで、ハイダル・アバーディを首相とする新内閣発足

九月一一日……CIAスポークスマン、「イスラム国」の兵力を以前の推定の三倍の二万人～三万一五〇〇人と発表

九月一三日……英国人援助関係者ヘインズ氏の処刑映像が流れる。処刑者は、英キャメロン首相に向け「米国との罪深い同盟」を続けるならばさらなる破壊があるとの声明を読み上げる。もう一人の英国人、ヘニング氏の処刑を予告。

九月二三日……アメリカが湾岸五カ国とシリアでの空爆を実施（ラッカ市を空爆）

一〇月三日……英国がイラク、シリアでの爆撃に参加することへの報復として、英国人ヘニング氏処刑映像を流す。米国人カッシグ氏の処刑を予告

一一月一三日……独自の通貨を発行すると発表。通貨は、金貨、銀貨、銅貨の三種類

一一月一六日……シリアで人道支援活動を行っていた米国人カシッグ氏の処刑映像が流れる。イスラム国が欧米人を殺害したとする映像を公開するのは五人目

中東関連年表

一九一五年……フサイン・マクマホン協定
一九一六年……サイクス・ピコ協定
一九一七年……バルフォア宣言
一九二一年……イラク、英国の委任統治のもとで建国
一九二二年……オスマン帝国崩壊
一九三二年……サウジアラビア建国。イラク、英国から独立
一九四三年……レバノン、シリアからの分離独立
一九四五年……アラブ連盟発足。エジプト、イラク、トランスヨルダン、サウジアラビア、イエメン、シリア、レバノンの七ヵ国が最初の加盟国。
一九四六年……ヨルダン、英国から独立
一九四八年……イスラエル建国宣言。第一次中東戦争（～四九年）
一九五六年……第二次中東戦争（～五七年）
一九六一年……クウェート、英国から独立
一九六二年……アルジェリア、フランスから独立
一九六三年……シリアでバアス党政権樹立
一九六七年……第三次中東戦争。イスラエルがガザ地区とヨルダン川西岸地区の支配権を獲得。
一九六八年……イラクでバアス党政権樹立
一九七三年……第四次中東戦争

一九七九年……イラン革命。イスラム共和体制に
イラクでサダム・フセインが大統領に
ソ連、アフガニスタン侵攻
一九八〇年……イラン・イラク戦争（〜八八年）
一九八九年……ソ連、アフガニスタンから撤退
一九九〇年……イラク、クウェート侵攻
一九九一年……湾岸戦争
一九九六年……アフガニスタンでタリバン、カブール制圧
二〇〇〇年……シリアでバッシャール・アサドが大統領に就任
二〇〇一年……米国で九・一一同時多発テロ事件
アフガニスタン戦争、タリバン政権崩壊。
二〇〇三年……イラク戦争、フセイン政権崩壊。
二〇〇四年……日本、イラクへの自衛隊派遣開始
イラクで日本人人質事件
二〇〇八年……イスラエル、ガザを空爆
二〇一〇年……チュニジアでデモが広がる（アラブの春）
二〇一一年……シリアで反政府デモ発生

あとがき――インタビューを終えて

米国は、イスラム国への対応をめぐって大失敗する……。

この常岡さんの予測が的中しそうだ。

本書のインタビューの後、二〇一四年一一月一三日、ＣＮＮは以下のニュースを配信した。

「オバマ米大統領はイスラム過激派『イラク・シリア・イスラム国（ＩＳＩＳ）』の掃討作戦に関連して、対シリア政策の再度の見直しを行うよう国家安全保障チームに指示した。シリアの政権移行を実現させてアサド大統領を排除しない限り、ＩＳＩＳの掃討はできないと判断した。これまで米国は、アサド大統領の排除には重点を置かず、まずイラクでＩＳＩＳを攻撃し、続いてシリアで攻撃する戦略を描いてきた。しかし今回の見直し指示は、この戦略に誤算があったことを実質的に認めた形だ」

二一世紀に入って、イスラム世界はまさに激動の中にある。

二〇〇一年の九・一一同時多発テロ以降、アフガン、イラクと米国は立て続けに大きな戦争に踏み切った。これがイスラム社会全体への激震をもたらし、そのうねりは今に続く。米国が狙ったイラクの「民主化」はみじめな失敗をさらし、「アラブの春」が、長年続いた権威主義体制を次々に倒したのもつかのま、最大の成功とされたエジプトではクーデターで軍が主導権を握り、シリアでは泥沼の内戦が続く。

その一つの帰結が、いま私たちが目にしているイスラム国という怪物の台頭だ。

この情勢のなかで懸念されるのは、常岡さんが本書で指摘していたように、日本が米国に「協力」を迫られ、「大変な事態に巻き込まれる」ことである。

日本に住む私たちは、この激しく動く中東をはじめとするイスラム圏を、自分たちには関係ない「別の世界」と思いがちだ。しかし、イスラム圏にかかわる出来事は、日本の安保政策の大転換に直結している。憲法の解釈を変更して集団的自衛権の行使を認めるという昨年（二〇一四年）七月一日の内閣決定は、中東情勢にその源がある。

一九九〇年の湾岸戦争で、日本は最大級の経済支援を果たしたにもかかわらず、自衛隊を派遣しなかったことで「血も汗も流さない」と米国に批判された。この「湾岸ショック」が、日本の安保政策を大きく変えていくきっかけとなった。

湾岸戦争の終了後、日本はペルシャ湾への海上自衛隊掃海艇派遣に踏み切る。一九九二年には「PKO協力法」の成立で、自衛隊の海外派遣に道が開かれた。

九・一一同時多発テロで、米国に自衛隊派遣を迫られた日本政府は、時限立法の「テロ特措法」を制定して海上自衛隊の艦艇五隻をインド洋に派遣、米国のアフガニスタン戦争を支援した。PKOではない、日本の独自判断による自衛隊派遣が開始された。さらに、イラク戦争では、米国の「ブーツ・オン・ザ・グラウンド」の要請にこたえるかたちで「イラク特措法」を制定、ついに戦闘が続くイラクに陸上自衛隊が派遣されたのである。

集団的自衛権の行使が可能な「普通の国」になるという安倍内閣の目的は、この一連の自衛隊の派遣方針の転換をふまえて、さらに積極的に米国の戦略に追随することにあるようだ。

集団的自衛権を認める際に、政府は八つの事例を挙げた。この中の「戦時における国際的な機雷掃海活動への参加」「民間船舶の国際共同防護」は明らかに中東を念頭に置いている。「産油国からの石油供給が滞り、原油価格が高騰するような事例」でも、「わが国の存立が脅かされる」と解釈できると安倍首相は言う（二〇一四年七月一四日の衆院予算委員会）。

米国の要請があればすぐに中東に自衛隊を出したい。これが安倍内閣の狙いのようだ。

ところが、肝心の米国の対中東政策は失敗の連続だ。イラク戦争に大義がなかったことは誰の目にも明らかになった。開戦理由だったサダム・フセイン政権の大量破壊兵器の所持・開発の情報が間違いだったことは米国自身が認めている。誤った情報に国際社会が騙された結果が、今の大混乱を引き起こしているのだ。

いま目の当たりにしているイスラム国の「脅威」に対処するにあたって、これまで通りに米国に追随することは非常に危険である。「大失敗」の道に日本が引きずり込まれかねない。そのときには日本の若者の血が流される可能性さえある。

私たちにとって、中東はじめイスラム世界の動向を正確に知ることが、今ほど求められるときはない。本書がそのために少しでも役に立つことを願っている。

二〇一五年一月

高世仁

著者紹介

常岡浩介（つねおか・こうすけ）

1969年長崎県生まれ。早稲田大学卒業。94年からNBC長崎放送報道部記者に。98年よりフリーランスとなる。アフガニスタン、エチオピア、チェチェン、イラクなどの戦場で取材を続け、通信社や新聞、雑誌などに寄稿。2008年に『ロシア 語られない戦争――チェチェンゲリラ従軍記』（アスキー新書）で平和・協同ジャーナリスト基金奨励賞受賞。

高世 仁（たかせ・ひとし）【聞き手・構成】

1953年山形県生まれ。通信社特派員としてバンコク、マニラに駐在し、反政府運動、環境問題など幅広いテーマを取材。97年、元北朝鮮工作員による横田めぐみさんらしい女性の目撃証言をスクープ。現在、番組制作会社「ジン・ネット」代表。常岡氏の取材をテレビ番組にプロデュースしてきた。『娘をかえせ息子をかえせ――北朝鮮拉致事件の真相』（99年）、『チェルノブイリの今――フクシマへの教訓』（2011年、DVDブック）を旬報社から刊行した。

イスラム国とは何か

2015年2月25日　初版第1刷発行
2015年2月27日　　　第2刷発行

著　者――常岡浩介・高世 仁（聞き手・構成）
装　丁――Boogie Design
発行者――木内洋育
編集担当――田辺直正
発行所――株式会社旬報社
〒112-0015 東京都文京区目白台2-14-13
電話（営業）03-3943-9911
http://www.junposha.com

印刷・製本―中央精版印刷株式会社

ISBN978-4-8451-1398-9